EL ESPACIO
PRIVADO E ÍNTIMO I

COLECCIÓN

ARQUITECTURA Y HUMANIDADES

MARÍA ELENA HERNÁNDEZ ÁLVAREZ

COMPILADORA

Primera edición 2015

Directorio

Dra. en Arq. María Elena Hernández Álvarez
Directora

Mtra. en Arq. Patricia Barroso Arias
Coordinación de Contenido Editorial
Versión impresa y versión digital en: www.architecthum.edu.mx
Colaboración:
Arq. Milena Quintanilla Carranza

Mtro. en Arq. Federico Martínez Reyes
Coordinación Editorial
Colaboración:
Roberto Israel Peña Guerrero

Mtro. Guillermo Samperio/Rodrigo de Sahagún
Fundación Cultural Samperio, A.C.
Revisión ortotipográfica y de estilo

Ilustración de portada:
Federico Martínez Reyes

©ARCHITECTHUM PLUS S.C.
Díaz de León 122-2
Aguascalientes, Aguascalientes
México CP 20000
libros@architecthum.edu.mx

ISBN 978-607-9137-32-8

Presentación

La construcción de la Teoría de la Arquitectura, que es el sustento de todo diseño arquitectónico, implica un complejo proceso reflexivo y crítico mediante el cual se verifica a distancia y en profundidad la enseñanza y la praxis del oficio de ser arquitecto. Si la Arquitectura, es decir, lo habitable, le concierne a todo ser humano, las premisas de ella misma sólo pueden concebirse de manera transdisciplinaria sustentándose en todos los campos del conocimiento porque, además, es a todos ellos a quien va destinado su servicio.

Asimismo, las manifestaciones del humanismo están asociadas a la conciencia social del hombre y a sus circunstancias existenciales en el mundo, de tal suerte que se deben ir generando consideraciones ontológicas y epistémicas en el plano formativo y profesional para el arquitecto. Por ello, asumir una formación humanista desde sus más altos y nobles ideales, constituye una necesidad cada vez más apremiante en el mundo de hoy; y es esto lo que nos transmite una imagen del arquitecto como persona que piensa, que crea y que produce una arquitectura orientada hacia el bien común.

Actualmente, gracias a esfuerzos de profesores e investigadores de nuestro Programa Académico, como la Dra. María Elena Hernández y de su grupo de colaboradores, proyectos editoriales como esta Colección Arquitectura y Humanidades, hacen posible pensar en una Teoría de la Arquitectura impresa con un sello particular en donde el proceso de enseñanza aprendizaje no se concibe ya como un proceso educativo centrado únicamente en la adquisición de conocimientos y habilidades, sino como un compromiso reflexivo y crítico que reclama un cambio de orientación dirigido a la búsqueda de nuevos nexos y relaciones disciplinares, particularmente aquí con las Humanidades.

Así, validando este enfoque transdisciplinar, se escriben y difunden en este proyecto editorial, colección Arquitectura y Humanidades, ideas artísticas, científicas, éticas, filosóficas, poéticas e históricas, que provienen de numerosas visiones del mundo arquitectónico, sustentadas en ideologías, teorías y posturas que están en correspondencia con las exigencias del mundo contemporáneo.

Es esencial que nuestra Facultad de Arquitectura sea parte de las instituciones educativas que contribuyen a la formación de arquitectos conscientes y reflexivos para que esto nos permita, no solamente vivir en el mundo actual, sino además, transformarlo de manera transdisciplinaria para la sustentabilidad y sostenibilidad que el futuro nos demanda.

Así, la Colección Arquitectura y Humanidades nos convoca a la reflexión filosófica que comprende a la arquitectura desde su núcleo, el hombre, y al arquitecto como el profesional dotado de razón, de conocimiento y de capacidad para construir, pensar y diseñar lugares de verdadera calidad habitable.

Sabemos que este proyecto editorial queda establecido para ser puerta abierta permanente a las colaboraciones de quienes consideren el trabajo transdisciplinario como una fuente necesaria para validar, hoy más que nunca, las pautas de diseño de los espacios que los seres humanos habitamos.

Mtro. en Arq. Alejandro Cabeza Pérez
Coordinador del Programa de Maestría y Doctorado en Arquitectura
Facultad de Arquitectura
Universidad Nacional Autónoma de México
Enero de 2015

Prólogo

La *Colección Arquitectura y Humanidades*, tiene el objetivo de fortalecer los lazos entre ambos campos de conocimiento, ya que uno sin el otro no podrían concebirse. Si comprendemos que, tanto la Arquitectura como las Humanidades conciernen a todo ser humano, es por ello que este proyecto centra su propósito en compartir los esfuerzos de muchas personas por enriquecer los encuentros transdisciplinarios que coadyuvan al compromiso con la calidad de las pautas de diseño de los espacios que habitamos los seres humanos.

En este proyecto editorial presentamos numerosos trabajos de exalumnos y profesores del Seminario y Taller de Investigación *Arquitectura y Humanidades* fundado en 1997 en el Programa de Maestría y Doctorado en Arquitectura de la Universidad Nacional Autónoma de México. A partir de ese año, esta *Colección Arquitectura y Humanidades*, tanto en sus versiones digitales como en la impresa, también se ha visto enriquecida de manera significativa con la generosa colaboración de muchos académicos y profesionales de diversas instancias y países.

Los números de este proyecto editorial se presentan organizados en temáticas generales abiertas para multiplicarse secuencialmente. Los artículos en cada número dan a conocer importantes reflexiones teóricas cuyo interés primordial es contribuir a la formación de investigadores y de docentes, así como el promover la generación y divulgación del conocimiento y la cultura arquitectónica y humanística.

Inaugura la lista de autores el Dr. Jesús Aguirre Cárdenas, quien, además de contribuir con un importante ensayo sobre el tema central de esta Colección, ha otorgado en todo momento su apoyo al proyecto académico *Arquitectura y Humanidades*. Expreso aquí mi profunda gratitud y admiración al Dr. Jesús Aguirre Cárdenas por su confianza a esta propuesta académica editorial y, sobre todo, por su inigualable ejemplo humano a seguir; él siempre abriendo caminos.

Por mi conducto, todos los autores que participamos en esta Colección expresamos nuestra gratitud a las autoridades de la Facultad de Arquitectura de la Universidad Nacional Autónoma de México, especialmente a su Director el Arquitecto Marcos Mazari Hiriart, al Maestro en Arquitectura Alejandro Cabeza Pérez, Coordinador del Programa de Maestría y Doctorado en Arquitectura y al Maestro en Arquitectura Salvador Lizárraga, Coordinador editorial de la Facultad de Arquitectura, por el reconocimiento que otorgan a la trayectoria de los autores que participan en esta *Colección Arquitectura y Humanidades*, así como a la calidad de los ensayos que en ella se presentan.

Finalmente, mi especial reconocimiento a la Maestra en Arquitectura Patricia Barroso Arias y al Maestro en Arquitectura Federico Martínez y a sus colaboradores por las incontables horas de entrega, creatividad, compromiso, liderazgo y confianza a este proyecto editorial.

María Elena Hernández Álvarez
México, Distrito Federal , diciembre de 2014

Volumen 11

EL ESPACIO PRIVADO E ÍNTIMO I

Introducción

KARINA CONTRERAS CASTELLANOS

El ser humano habita el mundo depositando en él su propio universo. Para habitar, acota los espacios de los que se apropia. Al diseñar y edificar lo urbano-arquitectónico, de alguna manera juega a subdividir el *continuum* del cosmos que aparece infinito ante sus sentidos y percepción, rodeándolo todo, para encontrar su propio lugar en él. Así el individuo delimita el "espacio" a distintas proporciones, lo moldea y configura.

La configuración del espacio arquitectónico trata de plantear matices de habitabilidad por medio de límites tangibles y otros más allá de la materialidad, que producen diferentes tipos de relación con todo lo circundante.

Entre los matices del habitar que se crean se encuentran, a distintas intensidades, los ámbitos de lo público y de lo privado. El primero comprende a la colectividad, es por tanto más abierto y de una escala mayor al segundo que apunta hacia el individuo y lo íntimo.

La intimidad tiene que ver con lo personal, lo particular, lo interior, lo entrañable, lo reservado y lo que poco o nada se comparte con otros. En el espacio privado e íntimo tienen cabida lo familiar, lo cotidiano, lo doméstico y el hogar, pero también lo personal, lo fantástico, lo oculto y el aprendizaje de lo más recóndito de nosotros mismos en adversidad o en plenitud. Este ámbito va entonces del terreno de convivencia con un pequeño y exclusivo grupo hasta el de la expresión de la propia soledad que se desentraña con todos sus secretos.

En su mejor versión, la habitable, se produce un vínculo de confianza entre la materialidad arquitectónica y el habitante, que lo hace sentir seguro y cobijado dentro de sus límites, los cuales le presentan una escala más cercana a la suya frente a la inmensidad del universo del que se sabe parte. Con ello, este espacio también le provee de una ubicación y sentido de pertenencia. En lo privado, el ser abre una ventana desde su mundo interno al externo.

Este espacio se convierte en el resquicio del mundo que hacemos nuestro. Si se dan las condiciones propicias para que desarrollemos nuestra esfera más profunda, entonces nos sentimos en libertad para expresar nuestra más honesta verdad. En él nos reconocemos, reímos, lloramos, amamos, mostramos nuestras vulnerabilidades, guardamos memorias y también soñamos, pero, sobre todo, en él simplemente habitamos para existir de manera más significativa. Acudimos a él para reencontrarnos con lo que nos identifica y nos alivia ya que su atmósfera acogedora y amigable nos abraza para contenernos en el cosmos al transcurrir la vida. Es nuestro lugar en el mundo.

Por ello vale la pena reflexionar sobre el espacio privado e íntimo desde la arquitectura en su aspecto más humano.

Habitar, simbolizar y personificar

PATRICIA BARROSO ARIAS

Estando hoy suplicando a nuestro Señor hablase por mí,
porque yo no atinaba a cosa que decir no cómo
comenzar a cumplir esta obediencia,
se me ofreció lo que ahora diré, para comenzar con algún fundamento,
que es considerar nuestra alma como un castillo
todo de un diamante o muy claro cristal,
adonde hay muchos aposentos, así como en el cielo hay muchas moradas...
Santa Teresa de Jesús, Castillo interior o las moradas, 1944, pp. 29-30

Pensar el habitar

Al habitar llegamos por medio del construir, como una relación de fin a medio, así "el construir es en sí mismo ya el habitar", en donde se permanece y reside. Heidegger (2001) señala que el construir se piensa desde el habitar, en el construir se estipula hasta donde llega el habitar. En el espacio construido se cultiva un campo habitable, en donde habitar es estar, es permanecer y desarrollar la experiencia cotidiana del ser humano. Así, entonces, en el construir desplegamos el habitar, lo construimos en la medida en que habitamos. Pero esta acción de habitar, se produce al tener contacto con el espacio construido, surgiendo así la habitabilidad.

Si consideramos a la habitabilidad como el producto del contacto del hombre con el espacio construido, podemos decir que en ésta se reúnen las condiciones óptimas para morar. Es el punto de encuentro entre el habitar y el construir, es la unidad de éstos. Podemos decir ahora, que lo que vivimos, percibimos y experimentamos es el momento de la "la habitabilidad". Ésta implica vivir el espacio, moverse, desplegarse, experimentarlo, estar y permanecer en él. En ella, se promueven las condiciones materiales y espaciales de un lugar, se vincula con el entorno, se incorpora con aspectos objetivos y subjetivos de la forma y se relaciona con la manera en que el usuario percibe sus condiciones de vida, en consecuencia considera la noción de calidad de vida. La habitabilidad como una cualidad arquitectónica involucra y valora las características idóneas de un espacio que son percibidas en su uso, en tanto que hablamos de características arquitectónicas, es decir, de la materialidad con la que la arquitectura trabaja.

Entonces si pensamos que en la habitabilidad se manifiestan la relación de contenidos dados en la expresión, experimentados y captados en su misma acción, podemos afirmar que el espacio alberga y cuida de esto. Ahora bien, estos contenidos albergan en la habitabilidad sólo cuando estos mismos en tanto que contenidos, son y están manifestados. Así, el construir desde la habitabilidad se vuelve un construir pensado, que no sólo obedece a edificar cosas; sino que se vuelve una suma de sustancias. Deberá entenderse esta vinculación como una forma de acceder a la comprensión de la producción arquitectónica, en una acción de lectura, esto es, que deberá percibirse vivencialmente.

Se trata de la reunión de ciertas condiciones que permiten a un ser vivo apropiarse de un lugar, donde el hombre busca dotar su hábitat de cualidades físicas y compositivas. Por lo que el tema se centra no en la producción de los objetos concretos, sino en la producción de la cualidad en los objetos interpretada o valorada por los sujetos. En este caso, el habitar integra la extensión del ser; esto es la dimensión existencial del individuo con todas sus connotaciones, usos y comportamientos; así, a partir de este puente de la "habitabilidad" surge un lugar, ésta otorga sentido y significado a un sitio.

Habitamos nuestra ciudad no sólo en un conjunto de muros, columnas, arcos, cúpulas y materiales que conforman un diseño, sino también, en lo inmaterial que se produce de una manera imaginaria cuando la moramos, cuando hacemos uso de sus formas y sus dimensiones. En estas condiciones físicas se encuentran aquellas referentes al ordenamiento espacial, a la configuración material del objeto y como condiciones no físicas podemos agregar a todas aquellas referentes a los conceptos, intenciones y contenidos. Todos estos aspectos inciden en la configuración física del hábitat cultural, en una búsqueda del espacio habitable. Para esto, se requieren condiciones particulares de luz, ventilación, paisaje, articulación de los espacios y forma.

El arquitecto concibe el espacio, lo diseña, lo crea; los usuarios recreamos ese ámbito, lo vamos cubriendo con la textura de nuestros afectos y sueños. Avecindarse en un lugar significa bautizarlo. Le damos a los sitios nuestro transcurrir de tiempo y pedimos a cambio que formen parte de nuestro mundo interno; por ello en la conformación del hábitat representamos físicamente las costumbres, las ideologías, los mitos, los intereses y comportamientos.

Estas condiciones cualitativas de la arquitectura parten, primero que todo, de la estructura formal, que se configura trayendo consigo un periodo de ajuste y adaptación continua. Lo que se plantea aquí, entonces, es la interacción de estas materias, su adecuación y ordenamiento con la finalidad interna de conformar el significado del habitar. Aquí, no sólo se caracterizan los usos y los modos de vida, sino que se implica una resignificación; el habitar es un atributo que se le da al objeto al vivirlo al entrar en contacto con él, es la característica más importante de la obra.

Así, los espacios interiores y exteriores no están vacíos ni tienen un orden perfecto: el cojín, la columna de madera agrietada, la pintura descarapelada por la humedad de un muro, las manchas, los grafitis en las calles, otorgan vida y movimiento. Gracias a ese amable desorden el mundo es vivible, los objetos son personales y las acciones se vuelven simples. En ello, las imágenes visuales con las que construimos el entorno son revelaciones de nuestros sueños, son imaginación y son recuerdos. Todos los espacios, los objetos, las situaciones simples le dan sentido a la existencia, para encontrar en lo cotidiano lo sagrado: la intimidad.

La ciudad

Los lugares confirman la existencia, en la ciudad nacimos, allá fuimos a la escuela, en esa calle jugamos, amamos y corríamos. Trazar sobre la urbe una ruta es tener el mapa geográfico de nuestro tiempo transcurrido, en un encuentro con lugares antes habitados. Es la coincidencia de lo que permanece inamovible, sin embargo cuando volvemos a los lugares de nuestra infancia, nos parece asistir a una visión reducida de lo que en otro momento fue grandioso. Cuando se integra la demarcación de territorios, estamos hablando de la existencia de un lugar; viéndolo muchas veces como el resguardo, el rincón, el refugio o la esfera personal, esto es, la espacialidad vital. Es un escenario, un lugar de identidad, donde probablemente la habitabilidad como cualidad involucra y destaca las características más sobresalientes de la espacialidad que habitamos. Por ello estamos o permanecemos en el lugar, en este caso, se implica un escenario donde se realiza una secuencia de usos.

Patricia Barroso Arias

Vivimos, disfrutamos, observamos y padecemos las avenidas, donde la infinidad de imágenes se filtran por los sentidos, avanzan por túneles y puentes de la memoria; aquí, leemos todo edificios, parques, anuncios gigantescos, marquesinas, colores, formas, puentes. En la vida urbana conectamos y reconciliamos territorios, expandimos dominios, recorremos la plaza que es para la ciudad el pulmón vital, ese espacio que le da sentido a lo que precede y sigue, su disposición arquitectónica de explanada en medio de edificios la convierte en un oasis horizontal entre nuestros verticales hábitos urbanos. Y las banquetas que se extienden innumerables e infinitas, forman el laberinto en que quisiéramos perdernos.

El camino es trayecto, su figura lineal nos sumerge en el transcurso, son irrepetibles y delgadas, las banquetas se persiguen formando manzanas, barrios y ciudades. Suben, bajan y difícilmente se terminan; vacías o transitadas, desnudas, fracturadas, pobladas o desiertas; éstas nos recuerdan amores, despedidas, encuentros, soledades, permanencias. La banqueta es camino, pero también es patio: en ella juegan los niños, patinan, brincan, corren, y andan en sus triciclos, ahí encontramos trazas de gis, huellas de bicicleta y ecos apagados de pelota.

De esta manera, el hábitat se toma como el lugar donde se encuentra un modo de asentamiento del hombre en una región, pero ¿Qué es lo que habitamos? El lugar, el sitio o el territorio donde percibimos los aspectos formales de cada objeto y donde residimos; en esto, descubrimos que el aspecto expresivo y la ordenación del lugar en función del habitar mismo, implica a lo que hacemos cotidianamente. Así, la ciudad que vivimos contiene eventos paulatinos, que transcurren y se modifican en el acontecer del tiempo; entrar a un edificio en construcción es ver materiales en bruto: arena, cal, piedra, cemento, grava, fierro, plástico, aluminio. Nada más real y contundente que la presencia del polvo.

Advertimos esas formas, estructuras desnudas y grises, nos percatamos de que una casa en construcción es una condensación de tiempos: futuro por ser proyecto, líneas y luz que juntos son augurios, en cada tabique vive un presentimiento, cada golpe de mezcla es una conjetura, es lo que no es aún. Petrificados están ahí, en la materia. ¿Qué tienen esos escenarios? Es difícil distinguir una casa en construcción de una en decadencia, se construye en forma de derrumbe, anuncia Villoro (1997). Singular es el desorden de este espacio, los materiales conviven en el caos que busca el orden.

Edificios viejos, nuevos y a medias, en la ciudad la estética de lo urbano convoca a la sensibilidad, a la diferencia y el contraste. Un edificio cobra su sentido más álgido cuando vemos que una pequeña luz se enciende. Los edificios son gigantescos objetos, el uso de los hombres les da vida y les otorga otra dosis de belleza. Y a veces, casi dictaminan nuestro comportamiento, nos volvemos obedientes bajo sus vastas sombras, bajo sus muros y configuraciones sólidas.

Hemos escogido habitar entre los materiales fríos, los más adustos o los más cálidos. Parecería que el vidrio y el cemento, los planos rectos, las formas angulares y lineales, son el continente necesario para nuestros cuerpos, a veces se vuelven espacios deshabitados, donde los pasos resuenan en sus cuartos como si el vacío les proporcionara una acústica especial. Espacios en penumbra, donde los muebles no están, edificios que fueron construidos para estar llenos y se han vaciado, y sólo las sombras de un recuerdo los alberga. Otros también se mantienen en silencio, porque no están habitados, apenas están en venta y puede uno adivinar lo que vendrá.

Y si seguimos recorriendo la vida citadina, en el trayecto topamos con los atractivos, valientes y deslumbrantes paradores, donde el que mira, no observa solamente formas, tamaños y precios. Un proceso interior, singularmente complejo, ha iniciado con esta coreografía de estantes, maniquíes, vestidos, zapatos y accesorios. El espectador de una vitrina tiene que hacer, en el breve tiempo de su observación, un inventario de gustos y valores. Así, también la tiendita cercana a la casa tiene un lugar especial en la memoria, ésta aparece ante nosotros como un oasis, pleno de bebidas y golosinas.

Ese recinto público tiene, sin embargo, características de espacio privado. Es un cuartito repleto de alimentos, mercancía a granel, paquetes, bolsas, dan a sus paredes la impresión de la alacena de un hogar. El característico olor que emana de la mezcla de polvo, de harina y fruta, de croquetas para las mascotas y de jabón, le otorgan una calidez, la tiendita de la esquina, que así le decimos por su cercanía nos presenta a los vecinos y se convierte en el lugar de acción social y solidaria. Si faltan las tortillas, si se acabaron los huevos o el jamón, basta con caminar unos cuantos metros, es el espacio de las negociaciones pequeñas, donde se manifiestan los hábitos del barrio.

Pasamos por los espacios públicos en trayectos de calles donde se estanca el tráfico por la presencia de la escuela, un edificio que tiene otros personajes y recintos: la prefecta, el contador, las secretarias, el maestro de deportes y siempre un tal Juanito o Pancho que recoge los suéteres y loncheras que quedan en las bancas; la tiendita, el laboratorio, la bodega. Con sus amigos, los niños son dueños del patio, donde se confunden el tiempo y el espacio, "vamos al recreo", o "en el recreo te lo doy", o "el recreo de mi escuela es muy bonito" como si el recreo fuera un lugar. Su sola mención evoca un patio, un árbol, una banca, una cancha.

Después, los lugares o no lugares invaden a la vida urbana en su presencia sonora, contaminadora, pero útil. Entre puentes peatonales, avenidas congestionadas, estacionamientos improvisados con autos varados en triple fila, el claxon pitando y la desesperación de los conductores, también se alistan en la vida diaria del barrio, de la comunidad que vive, habita y se apropia de un fragmento de la ciudad para hacerse dueña de sus calles.

La casa, sus interiores

"No es pequeña lástima y confusión que por nuestra culpa no entendamos a nosotros mismos, ni sepamos quiénes somos ¿No sería gran ignorancia, hijas mías, que preguntasen a uno quién es, y no se conociese ni supiese quién fue su padre, ni su madre, ni de qué tierra? (…) Pues consideremos que este castillo tiene, como he dicho, muchas moradas, unas en lo alto, otras en bajo, otras a los lados, y en el centro y mitad de todas éstas tiene la más principal, que es donde pasan las cosas de mucho secreto entre Dios y el alma…
Santa teresa de Jesús, Castillo interior o las moradas, 1944, pp. 31-32

El habitante en un acto perceptivo determina y otorga la cualidad de ser o no habitable al lugar. Asimismo, puede el sujeto considerar si el lugar es cómodo, seguro, amplio, si tiene buena distribución y organización formal, si es funcional, si tiene calidad estética o si es durable. En sí, el ser humano, al interactuar con el objeto que habita, va otorgándole o restándole una serie de cualidades y valores que para su interpretación se vuelven elementos que lo hacen o no "habitable".

En el habitador se despierta el sentido del gozo, el disfrute o deleite de estar, de permanecer y quedarse en un lugar; es implicar el modo de estar. Pero, el edificio no se goza si es inoperante para el usuario; por lo que, muchas veces para disfrutarlo, deberá ser adecuado y cómodo para sus actividades. En este sentido, el deleite no sólo se refiere a la experiencia de la percepción visual, sino al movimiento, al desplazamiento, a las sensaciones que se despiertan al habitar un lugar. En sí, la cualidad de la habitabilidad puede otorgarse a la obra porque el que la habita goza de su comodidad, de su durabilidad, de su solidez y de su opción de uso.

Todo importa, que el edificio no sea frío, incómodo, frágil. Intervienen todas las características formales de la obra, sumadas al placer visual que se genera en la experiencia perceptiva. Aquí, se habla ya, del modo de vida del habitante. Esto se refiere a una forma de ocupación de un lugar, a la manera de posesionarse o apropiarse del sujeto. El habitante integra a su modo de habitar memorias, imágenes y experiencias adquiridas. Por lo tanto, el uso de la arquitectura, no implica solamente una ocupación, sino la caracterización de un modo de habitar, es el cómo se lee, cómo se come, cómo se apropian las personas del espacio y lo personalizan. Este habitar abarca el campo del hacer (actividad) con el acto de disponer del lugar (apropiación, pertenencia y territorialidad). Así, el uso como habitar, comprende una serie de elementos que están caracterizados en el objeto y se codifican para entender un uso cultural.

Cada quien tiene, en el buró o en el armario, sus cascadas particulares, sus bosques consentidos. Entre cuatro paredes nos perdemos, somos el propio océano, buscamos el horizonte en la inmensidad de la memoria. El objeto arquitectónico resulta un terreno donde el hombre se apropia de lo tangible, por lo que se genera una cohesión del uso con el lugar. En la casa, el balcón es un espacio de transición. Entre el adentro y el afuera se advierte la calle, habitamos el aire cuando abordamos su abismo contenido, su vacío bien delimitado. Desde adentro el balcón es calle; desde afuera es casa. Para quien se encuentra en él, las escenas de la vida exterior se precipitan ajenas y distintas como en una película. Para quien observa desde afuera, los habitantes del balcón se convierten de inmediato en personajes, es el símbolo de la curiosidad para el que está afuera y de intimidad para el que está adentro, también es el punto de fuga, es el lugar de encuentro de la luz y la sombra, del frío y del calor, del ruido y del silencio, donde podemos mirar el horizonte continuo formado del follaje verde de los árboles, es el sitio ideal para recibir las visitas inesperadas de los pájaros y de las mariposas.

Una casa es un continente de significados, un crisol de recuerdos, sensaciones, experiencias. Es difícil separar la palabra "casa", de la palabra "vida" y de la palabra "tiempo", lo que más nos une a nuestra casa es el paso de los años, lo que más asombra es su imperceptible proceso de hacerse casa, de arraigarse en la identidad de quien la habita. Una casa es una etapa de la vida, la infancia está en aquel jardín con una reja negra junto a la que crecían diversas plantas, era la casa de la abuela con las baldosas del patio donde se tiraba el agua, los escalones fríos de la entrada conformaban una escalera por donde se miraba subir a los adultos. La primera casa es casi siempre un espacio fragmentado, un caleidoscopio caótico de sensaciones e imágenes concretas.

La casa de la adolescencia es una serie de recintos y situaciones matizadas de luz y estremecimientos, se rememoran junto a experiencias que las tuvieron de escenario. La casa de la adultez es una condensación de hogares anteriores, pero tiene otros sentidos: surge como un territorio de contraste con los espacios públicos donde pasamos buena parte de nuestro tiempo. Un espacio seguro donde se fortalecen los vínculos de afecto.

La casa de la vejez ha de ser la más personal, si el hogar es el territorio por excelencia de la intimidad, esta cualidad se exacerba para los viejos que la viven. La casa se va pareciendo cada vez más al propio cuerpo, el anciano habita su casa confundiendo los recuerdos con las presencias. Por eso las casas de los abuelos ejercen fascinación en los niños, porque éstos son capaces de detectar esos fantasmas que esperan ser descubiertos en los cajones, al fondo del armario, detrás de las cortinas o debajo de los muebles. Aquí, el piano más que un mueble o un instrumento, es un personaje. En medio de la sala, entre sillones y cortinas, casi siempre coronado por retratos familiares, el piano es un espíritu silencioso, convoca la sensibilidad de toda la familia, canta la intimidad de la casa.

La casa vivida, es sagrada, donde cotidianamente se inicia un doble viaje desde que cruzamos el umbral hacia la intimidad. Es como si la historia y la vida, que normalmente habita en los volúmenes de las enciclopedias o flota en un estrato difuso del pensamiento, de pronto cobrará toda su humana y concreta existencia a través de ese objeto. Un objeto que, en su sencillez, revela el significado profundo, no sólo de un hombre, sino de todos los hombres. Espacialidad donde se define la escena de acción privativa o colectiva. Aquí, el ser humano habita, vive y existe. En este sentido hay correspondencias entre distancias y convivencias, aquí la espacialidad exige grados de implicación de cada habitante con el proceso de definición de su entorno vital.

En ésta, cada habitación cobra su propio lenguaje, su configuración obedece a patrones y hábitos ya impuestos, donde cada habitante ordena sus cosas, las posiciona, las guarda o las usa de adorno. Cuando habitamos resignificamos cada sitio, cada imagen, cada evento vivido, aquí al despertarse un sentido de pertenencia se marca con ello la pauta de la territorialidad empapada de una expresión particular (o lenguaje formal) que juega con objetos y elementos. Así se adecua, se modifica, se manipulan los elementos y los objetos que nos pertenecen no sólo para demarcar sitios o territorios, sino para cargarlos de significado.

La espacialidad está cargada de la experiencia sujeto-objeto. Su carácter va adquiriendo "cosas" que se entienden como "personales", estos objetos que parecen miembros activos en la definición de nuestro entorno. Así, se detona la personalización del lugar, el microcosmos o el rincón íntimo. Ese lugar, donde el usuario tiene el dominio y la plena potestad para plasmar su propia concepción del mundo. En sí, la espacialidad que se disfruta, es porque nos despierta alguna atracción y porque aquí la persona se vuelve protagonista de su sitio.

Notas

En este texto, "El habitante", editado por ediciones Cal y Arena en 1997. Carmen Villoro nos muestra una visión del habitantes, sin aparecer en la trama y sin hacer referencia a él (ella), sino a los espacios, objetos y situaciones que habita, usa y resignifica. No está sino su rastro, su tiempo y su presencia, por ello, esboza una interpretación de lo que cada espacialidad significa para el que lo habita, nos invita a dibujar imágenes de la ciudad, del ambiente urbano que cotidianamente experimentamos y también nos ofrece esta fuente de significados que cobra el interior de la casa; así más que hacer una descripción de objetos arquitectónicos, nos comparte una variedad de emociones y sensaciones que despiertan ese sentido de apropiación y pertenencia del lugar.

Bibliografía

Barroso, P., "Ideas de Arquitectura desde la Literatura I", USA: Architecthum Plus, 2007.

De Jesús, ST., "Castillo interior o las moradas", Madrid: Aguilar, 1944.

Heidegger, M. "Construir, habitar, pensar", en Conferencias y artículos, traducción de E. Barjau, Serbal: Barcelona, 2001.

Villoro C., "El habitante", México: Cal y Arena, 1997.

Espacio privado e íntimo, la construcción de todos los días

CARLOS I. CASTILLO C.

Hoy desperté tranquilamente, no hubo alarma ni teléfono que demandara mi presencia ni atención antes de mi regreso a la conciencia. Es uno de esos días en que uno despierta y echa a andar la mente antes de abrir los ojos, aún con los ojos cerrados percibo la luz del día, y me niego a abrirlos. Hoy es domingo, esta mañana es mía.

Aún con los ojos cerrados veo mi habitación, sé que a mi derecha está mi cuadro de Miró, frente a mí está mi librero, con mis libros y películas favoritos. Sobre él la pequeña escultura que mi fallecida tía me regaló, un juguete de la infancia de mi padre, una pequeña caja con mi correspondencia escrita, cartas y postales que he guardado. Detrás del librero que es bajo, un ventanal que junto con la cortina filtra la luz para mí y la hace llegar en un apacible tono azul que tiñe el largo muro blanco de la cabecera de mi cama, donde hay un cuadro pequeño de Picasso. Junto a la ventana la puerta del baño con mi calendario, el cual he dejado de atender hace meses, creo que se quedó en febrero, mostrando una hermosa pintura de Dalí. Todo esto es mío. Allá afuera está el mundo, pero aquí soy yo y todo lo que hay aquí me pertenece, y yo a él. Este espacio soy yo.

Abro los ojos y me encuentro con todo tal como lo describí, nada se ha movido ni un centímetro. Lo conozco todo de memoria. Y me complace. ¡Cuánta paz! ¡Cuánta tranquilidad!

Sólo en mi lugar me siento tan seguro y tan tranquilo. Esto no es sólo un cuarto, es mi refugio, es la entrada a mi mundo y a mi vida. En este lugar las reglas son otras, las cosas están como yo quiero. Dibujé tantas veces los muebles que iba a colocar y en dónde irían; no tengo duda, no hay mejor manera de disponer este espacio para mí. Aquí están prohibidos los relojes a la vista, quizá por eso siempre llego tarde. Pero me gusta no tener esa conciencia del tiempo, al menos no aquí dentro. Tengo muchas cosas aquí conmigo, pero todas son importantes, todo lo demás va al estudio o a la bodega. En este espacio está lo indispensable para mí, y lo indispensable para mí son muchas cosas.

No me decido a levantarme, me siento tan dueño de mí este día que aún no sé qué hacer con mi libertad. Pienso poner un poco de música mientras tiendo mi cama, después voy continuar con los dibujos que dejé a medias anoche. Acomodaré mis libros nuevos. Hoy voy a hacer todo lo que me gusta. Aquí estoy a mis anchas. No hay prisa, voy a seguir viendo la luz que entra por la cortina un par de minutos tratando de hilar algunas ideas que dejé ayer antes de dormir. Y sigo pensando. Pero entonces...

Recuerdo que tenía una cita, prometí acompañar a mi padre a visitar la tumba de mis abuelos, no lo quiero decepcionar, pues ya casi no vive conmigo, se quedó en la noche sólo por eso. ¿Qué hora será? si son más de las diez él se habrá ido para no despertarme. No lo quiero decepcionar. De un salto me levanto de la cama y tiro las cobijas, busco dentro de un cajón entre mis relojes, ¡Qué suerte! son apenas las 8:40, debo tener unos 15 minutos para salir. Grito sin abrir la puerta: ¡Papá! ¿Sigues aquí?, me responde ¡Sí hijo, salgo en 15 minutos! ¿Vienes? Le pido que no se vaya sin mí.

Levanto las cobijas del piso y las arrojo sobre la cama. De repente todo se nubla. Ese hermoso librero blanco que contiene mis cosas favoritas se ha transformado en un volumen rectangular sobre el que están mis llaves, mi cartera y mi teléfono celular; la puerta del baño con mi calendario y mi pintura favorita de Dalí se han vuelto un estorbo que retiro de mi paso hacia el baño; entro y me baño en 5 minutos, me seco con prisa y recuerdo lo mucho que mi padre odia mi barba y mis cabellos sin peinar; tomo la rasuradora, un peine, algo de loción y de nuevo soy el orgullo de mi padre. Salgo corriendo hacia el clóset, un pantalón, una camisa y unos zapatos cómodos. Tomo del cajón reloj que me devolvió al mundo de las horas y ato mi mano a él, como un grillete. ¡Tiempo récord! Estuve listo en 8 minutos.

De aquel volumen difuso del que sólo distingo lo que necesito, en el momento tomo mi cartera y mi teléfono. Y me dispongo a salir a tiempo. Volteo a ver y de nuevo surge la belleza ante mí, la luz filtrada en color azul tiñe mis muros y mis cuadros la reflejan, mis libros ordenados y el espacio que se queda en silencio en cuanto me voy. Lo observo con nostalgia y le digo: "espérame aquí, regreso en unas horas".

Un comentario

Pensaba apoyar este texto con algunas citas literarias, siempre es necesario que un texto académico esté bien fundamentado; y éste lo estuvo, pero quise escribirlo de manera muy personal; a continuación expongo algunas de las ideas que me inspiraron para hacer este texto:

Nos dice Paul Valery en su *Cementerio Marino* citando a Píndaro: "Alma mía, no aspires a la vida inmortal, pero agota el campo de lo posible" [1]. Esta idea nos sugiere agotar las posibilidades de lo real, y en el espacio personal se aplica por completo, el mundo de la fantasía y de lo irreal se echa a andar en cuanto uno tiene posibilidad, los colores y la luz se dramatizan, los sonidos se vuelven estridentes o insignificantes dependiendo de nuestro humor. Al final, el espacio ofrece mucho más de lo que aparece físicamente, y es inagotable.

No se puede ignorar la noción de espacio de Martin Heidegger, quien nos ha otorgado la idea de *espaciar, fundar* en el espacio. Reconociéndonos la capacidad de hacer surgir en el espacio habitable un camino a la otredad [2].

Peter Zumthor [3] y Steven Holl [4], quienes como arquitectos han aportado a nuestro conocimiento del espacio un estudio fenoménico, nos presentan la idea de la experiencia espacial de la atmósfera, y cómo en ella intervienen mucho más cosas que la obra arquitectónica. El espacio construido-arquitectónico es sólo una parte de la percepción total y compleja del ser humano.

También en la poesía, Charles Baudelaire [5], nos muestra que la manera de ver el espacio y la propia existencia hace que se transforme la experiencia de habitar. El espacio se transforma con uno y uno con el espacio.

Por último, un poco menos académico, pero no menos cierto me apoyaré en una frase de mi madre. Una mañana al despertar en un verano de vacaciones, me la encontré en la sala leyendo una revista, la luz del sol entraba y pintaba de dorado la sala, por el balcón se veía la sombra de un árbol y las aves que volaban y volvían a éste, el sonido era hermoso para mí. Y le dije ¡mira qué lindo día!, ella me dijo: "así amanece casi todos los días hijo, si ves así el día es porque hoy tu corazón amaneció feliz".

Epílogo / coda
Como si de una melodía se tratara, quisiera terminar mi texto con una coda. Una alegoría de la percepción del espacio de un poeta; la siguiente poesía de Charles Baudelaire, que precisamente describe la manera en que el autor poeta percibía el mismo espacio de dos maneras muy disonantes, dejándonos claro, sólo cómo es que las percibía, no precisamente cómo eran. Apoyando a la idea de que el espacio lo construye uno todos los días.

La habitación doble
(Charles Baudelaire)
Una alcoba semejante a un ensueño, una alcoba verdaderamente *espiritual*, cuya atmósfera es remanso que suavemente se tiñe de rosa y azul.

Es un baño de indolencia para el alma, aromatizado por la añoranza y el deseo; es algo crepuscular, azulado y rosado; un voluptuoso sueño en tanto dura un eclipse.

Los muebles presentan formas alargadas, postradas, lánguidas; diríase que sueñan, dotados de una vida letárgica, como el vegetal y el mineral. Los tejidos hablan una lengua muda, como las flores, los cielos y los atardeceres.

Ni una sola abominación artística ensucia las paredes. Con relación al sueño puro, a la impresión no analizada, el arte definido, el arte concreto, es una blasfemia. Aquí todo posee la claridad suficiente y la deliciosa obscuridad de la armonía.

Una fragancia infinitesimal escogida con el más exquisito gusto, a la que viene a añadirse un ligerísimo toque de humedad, flota en este ambiente, similar al de un invernadero de sensaciones que mecen al alma soñolienta.

Una lluvia torrencial de muselina vela las ventanas y el lecho, fluyendo en níveas cascadas. Y en este lecho yace el Ídolo, la soberana de mis sueños. ¿Cómo ha llegado hasta aquí? ¿Quién la ha traído? ¿Qué mágico poder la ha emplazado en este fantástico y voluptuoso trono? ¡Qué más da! ¡Ahí está! Es ella.

No cabe duda, son esos ojos cuya llama arde más allá del crepúsculo, esos sutiles y terribles *luceros* que reconozco por su espeluznante malicia. Atraen, subyugan, devoran la mirada del imprudente que osa contemplarlos. Con frecuencia he escrutado esas negras estrellas que irremediablemente suscitan la curiosidad y la admiración.

¿A qué demonio benévolo he de agradecer esta atmósfera de misterios, silencio, paz y perfumes? ¡Oh, celestial dicha! Aquello que solemos llamar vida, ni siquiera en sus más gozosas manifestaciones puede compararse a esta Vida suprema que en estos instantes conozco, y que saboreo minuto a minuto, segundo a segundo.

¡No! ¡Ya no existen los minutos! ¡Ya no existen los segundos! El tiempo se ha desvanecido. Ahora reina la Eternidad, ¡una eternidad de delicias!

Pero un golpe pesado, terrible, hizo retumbar la puerta, y, como en una infernal pesadilla, me pareció sentir que alguien clavaba un pico en mis entrañas.

Acto seguido, entró un Espectro. Es un alguacil que viene a torturarme en nombre de la ley, una infame concubina que se lamenta de sus desgracias, añadiendo así la banalidad de su existencia al sufrimiento de la mía, o bien el recadero de turno del director de un periódico, que reclama la continuación del manuscrito.

La alcoba paradisiaca, el ídolo, la soberana de mis sueños, la *Sílfide*, como decía el gran René, toda esa magia se esfumó a resultas del golpe brutal asestado por el Espectro.

¡Horror! ¡Ya recuerdo! ¡Ya recuerdo! ¡Sí! Este infecto cuchitril, esta morada del eterno hastío, no es otra que la mía. Ahí están mis burdos muebles, polvorientos, desvencijados; la chimenea sin llama ni rescoldo, sembrada de esputos; las tristes ventanas en donde se distinguen los surcos que la lluvia trazó sobre el polvo; los manuscritos, emborronados o incompletos; el calendario, con las fechas siniestras marcadas a lápiz.

Y aquel perfume de otro mundo, que exacerbaba mis sentidos, embriagándome, se ha transformado en un fétido hedor a tabaco mezclado con no sé qué sustancia enmohecida y nauseabunda. Ahora se respira aquí el olor rancio de la desolación.

En este mundo angosto y vomitivo, un solo objeto conocido me sonríe: el frasco de láudano; una vieja y terrible amiga. Como todas las amigas, ¡ay!, tan fecunda en caricias como en perfidias.

¡Oh, sí! El Tiempo ha resurgido, de nuevo empuña el cetro; y a este horrible anciano le acompaña todo su demoniaco cortejo de Recuerdos, Pesares, Espasmo, Terrores, Angustias, Pesadillas, Cóleras y Neurosis.

Puedo juraros que ahora los segundos están fuerte y solemnemente acentuados, y cada uno de ellos, escupido por el péndulo, me espeta el rostro: "¡Soy la Vida, la insoportable, la implacable Vida!".

Tan sólo hay un segundo en la vida de un hombre cuyo cometido es anunciar una buena nueva, la *buena nueva* que a todos causa un inexplicable temor.

¡Sí!, el Tiempo reina, restaurando su brutal dictadura, y con su doble aguijón me empuja, como si yo fuese un buey: ¡Camina, asno! ¡Suda, esclavo! ¡Vive pues, maldito!

Notas

1. Valéry, "El Cementerio Marino", Buenos Aires: Leviatan, 1997, p. 31.
2. Heidegger, "Arte y Espacio", España: Herder, 2009, (45 pp.).
3. Zumthor, "Atmósferas", Barcelona: GG. 2006.
4. Holl, "Cuestiones de Percepción", Barcelona: GG. 2008, (64 pp.).
5. Baudelaire, "Spleen de París", España: Visor, 2008, (239 pp.).

Bibliografía

Baudelaire, "Spleen de París", España: Visor, 2008.
Heidegger, "Arte y Espacio", España: Herder, 2009.
Holl, "Cuestiones de Percepción", Barcelona: GG. 2008.
Valéry, "El Cementerio Marino", Buenos Aires: Leviatan, 1997.
Zumthor, "Atmósferas", Barcelona: GG. 2006.

Construir un refugio para ensoñar

KARINA CONTRERAS CASTELLANOS

¿En qué espacio viven nuestros sueños*? ¿Cuál es el dinamismo de nuestra vida nocturna? ¿Es en verdad el espacio de nuestro sueño* un espacio de reposo? ¿No tendría más bien un movimiento incesante y confuso?... A esos trozos de sueños*, a esos fragmentos de espacio onírico los yuxtaponemos posteriormente dentro de los marcos geométricos del espacio claro [1].

Ese espacio, en principio era un lienzo casi en blanco, pues ya existían aspectos inalterables en su configuración. No toda obra construida contiene poesía [2]. Por ello había que encontrar la manera de hacerlo un refugio familiar, una especie de confidente, dilucidando su esencia** como quien va descubriendo un secreto que se revela poco a poco, hasta encontrar la verdad [3].

Ubicada en el extremo de un departamento en el segundo nivel del edificio, es una habitación mediana configurada entre muros de block con aplanado fino pintados en blanco y un techo que llega escasamente a los dos metros con treinta centímetros. Al entrar uno se encuentra con un armario integrado y acceso a un baño privado del lado izquierdo, de frente un muro ciego y a la derecha una ventana grande que descansa sobre un muro que a su vez dibuja una repisa que invitaba a colocar objetos. El vano sólo da a un muro gris de los edificios contiguos de tres niveles, sin embargo, se asoma un cachito de cielo por él y la luz entra plena. El firmamento alcanza a permear levemente gracias a la separación entre ambas construcciones, permitiendo que a través de la abertura, al levantar la mirada, una franja de azul se perciba. El hecho inamovible de no tener una vista libre ya daba el primer indicio del espíritu que este sitio tendría que adquirir, habría que habitarlo hacia adentro.

El espacio es frío ya que, aunque la luz penetra, los rayos de sol no alcanzan a hacerlo cálido. En verano es un alivio, pero el resto del año se requiere una temperatura más adecuada. Los materiales y las texturas de los muebles y accesorios habrían de ayudar a lidiar mejor con este asunto.

Aun así, la ubicación de esta habitación tiene otras ventajas; al encontrarse en la parte final de este conjunto de tres torres de departamentos, está aislada del constante ajetreo ruidoso de esta calle de la concurrida colonia Roma en la Ciudad de México.

Ahora, había que establecer un mundo en esta obra para que el espacio genérico se transformara en refugio de confianza. El mundo no es el mero conjunto de cosas existentes contables o incontables, conocidas o desconocidas. Tampoco es el mundo un marco imaginado para encuadrar el conjunto de lo existente. El mundo se mundaniza y es más existente que lo aprehensible y lo perceptible, donde nos creemos en casa [4]. Instaurar como fundar, ofrendar y comenzar [5].

Al comenzar a habitar este espacio sólo se requería de una cama para instaurar un albergue para los sueños*. Al principio la ensoñación* no demanda mucho; tan sólo el tener un lugar propio es suficiente fortuna… luego el lecho necesita ser amplio y mullido porque así la imaginación y el relajamiento se expanden. Así, la cama se ubicó de frente a la puerta y de espaldas a uno de los muros ciegos, la ventana a la derecha y dos mesitas de noche a cada lado, posición que no tiene mucha flexibilidad por las proporciones del espacio.

Al cabo de un tiempo, surge la inminente necesidad de apropiarse del lugar, transformarlo de espacio genérico a refugio habitable profundizando en la búsqueda del ser de confianza [6] entre esos muros. Que fuese así resguardo para alojar a la intimidad y sentir el cobijo suficiente, eso que se necesita para momentos de reflexión, para dormir en paz, pero, sobre todo para echar a andar los ensueños*.

Ensoñar* es el camino entre el estado consciente y lo inconsciente, el territorio entre lo real y lo imaginario. Soñar* no sólo es sueño, es también pensar y recordar. Ambas, aún con sus diferencias, son arte, espontáneo sí, pero al que hay que procurarle las condiciones adecuadas, un poema que hay que aprender a inspirar [7] para que las fantasías, los anhelos y la paz interior nos acompañen cada noche en el viaje imaginario que emprendemos. Cuando se sueña con toda sinceridad, las líneas de fuerza del sueño siguen su propia disciplina; el bucle es naturaleza pura, todo soltura, sin repliegues [8]. Confiar, fluir para soñar.

La ensoñación es un recorrido tan necesario de emprender para permitir alejarnos del mundo de la vigilia. Es un acto maravilloso que requiere realizar una especie de magia en el ambiente donde se aloja, provocar alquimia con los colores, las texturas, el mobiliario y la luz, bañando los rincones que nos resguardan con nuestro interior, y al confiarles a estos espacios secretos e ilusiones, poder sentirlos parte nuestra y habitarlos en libertad.

Descubrir en las habitaciones su esencia, y poner en operación su verdad, permite iniciar el ritual alquímico que transforma en poético la arquitectura y el espacio [9]. Ello llega por medio de la inspiración, no como mero acto de fe, sino que puede suceder a partir del vacío que abre espacio a la creación, y por medio del trabajo y esfuerzo que conlleva a ir más allá de nosotros al encuentro de nosotros [10].

¿Para qué la poesía? ¿Para qué poetizar un espacio a habitar? Precisamente para hacerlo habitable en el sentido más profundo, en el sentido que no sólo aloja una corporeidad sino al alma, al espíritu. Ayuda a reconocernos a nosotros mismos desde el encuentro con el origen que nos proyecta a un futuro, desde las memorias hasta lo que anhelamos:

Regreso a lo que fuimos y anticipación de lo que seremos. La nostalgia de la vida anterior y una vida futura que son aquí y ahora y que se resuelven en un instante relampagueante. Esa nostalgia y ese presentimiento son la substancia de todas las grandes empresas humanas… [11]. Ello nos ubica y nos provee un lugar seguro en el mundo.

En la arquitectura que nos provoca experiencias poéticas encontramos la "otredad" (como lo describe el escritor Octavio Paz) en otros y en nosotros, en momentos de lucidez sublime que nos construyen y evolucionan como seres: El hombre se imagina y al imaginarse, se revela [12]. Estas sutilezas deberían estar presentes en todos los sitios en que desarrollamos nuestra existencia, sobre todo los más cotidianos, en los cuales pasamos mucho más tiempo, nada es vano, nada sobra.

Karina Contreras Castellanos

Así habría que rociar los lugares los imaginarios y recuerdos, apropiárselos desvelando su verdad para que quede al descubierto ese espacio único e irrepetible que antes todavía no era y posteriormente nunca volverá a ser [13] porque:

Cada quien lo habita de manera única e irrepetible a su vez, y en lo íntimo revela algo de su habitante en él. Imágenes, memorias a las que se recurren y se evocan para revivirlas… así se escogieron fotografías llenas de significado para la satisfacción personal del habitante de este espacio antes lienzo vacío. Con la individualidad de quien vive en algún lugar por algún tiempo, se tienen que escoger los detalles, los colores, los motivos que lo resalten.

Aquí el muro ciego era demasiado blanco así que se pintó de magenta y sobre él se colocaron siluetas a manera de ramas de árbol en color blanco para generar contrastes… sobre él cuatro fotografías especialmente escogidas y algunos espejos pequeños en plateado, que forman una especie de muro de milagritos personal, de esos que acompañan a los santos en las iglesias.

En la repisa de la ventana se colocó una orquídea magenta, su color fue el que inspiró al muro para ser coloreado, y luego se fueron distribuyendo objetos de uso diario y de gusto personal, como un buda, frasquitos árabes de perfume y varias velas… Las candelas generan ambientes para descansar y meditar, parecen mágicas y su luminosidad es muy cálida… por eso unas se ponen dentro de dos faroles árabes… las complementan unas lámparas de luz regulada sobre las dos mesitas de noche… ¡bendita iluminación que produce atmósferas y sensaciones!

Los ensueños suelen pedir esta luz suave como inspiración, y en esta habitación ahora hay mucha con matices distintos.

El estímulo de los sentidos envuelve de atmósferas a los espacios, aquí el aire huele a vainilla como toque para percibir un ambiente completo. Se convierte en un lugar para ser visto, escuchado, olfateado, y hasta percibido por la piel con su temperatura. Los sentidos físicos se hacen uno en eco profundo cuando de experimentar un espacio se trata.

De la ventana cuelgan, además de la persiana, unas gotas de cristal y tres corazones de vidrio azul, y junto a la cama, llena de almohadones se hallan suspendidas en el aire dos estrellas.

Este ambiente parece acompañar y cuidar a quien lo mora. Dónde se pueden contar a sus muros las alegrías, ilusiones y penas... ahora se siente distinto es más cálido desde la metáfora hasta la corporeidad porque se vuelve uno con su residente.

Se completa el ciclo, los sentidos que perciben el exterior en lo físico, y la atmósfera que acaricia la mente y espíritu. Los espacios siguen cambiando, con los mismos inquilinos o con los nuevos que llegan a él, pero si estos lienzos casi en blanco permiten el proceso de apropiación personal, sea el lapso de tiempo que lo habiten, podrá abrazar a quien lo experimente.

Si el mundo instaurado y su verdad se han desvelado, el lugar será llevado al alumbramiento y armonía [14], será entonces como un oasis de paz.

Cuando el espacio trasciende sus cualidades para transformarse en un albergue de sueños y ensueños, aún en la noche la inspiración los acrecienta para viajar a lugares inimaginados, y al final en la mañana, abrir los ojos a la vigilia de manera revitalizada y feliz. Estos espacios se convierten en refugios seguros de los mundos que van construyendo la existencia humana, el tangible, que habitamos en la realidad cotidiana y el de los ensueños, donde habitamos cada noche.

Notas

*   Según la diferencia definida por Gastón, Bachelard (filósofo francés), entre songe: soñar, pensar, recordar, y rêverie: ensoñación, estado entre lo consciente y lo inconsciente. Lo real y lo imaginado. Citado por RIVAS, Albert. La web del vacío. Bachelard: del cientifismo a la imaginación de la materia.

**   Esencia del latín *essential* derivado de ese ser. Lo que es permanente y necesario en él para que corresponda a la idea que comporta su nombre.

1. Bachelard, Gastón, "El derecho de soñar", España: FCE, 1997, p. 197.
2. Paz, Octavio, "El arco y la lira", México: FCE, 2010, p. 14. Cuando se refiere a "no todo poema-o para ser exactos: no toda obra construida bajo las leyes del metro- contiene poesía.
3. Heidegger, Martin, "Arte y Poesía", México: FCE, 1970, p. 72: referente a "Verdad es la esencia de lo verdadero... la esencia esencial se funda en lo que el ente es en verdad".
4. Heidegger, *op. cit.*, pp. 65-66.
5. Heidegger, *op. cit.*, p. 98.
6. Heidegger, *op. cit.*, p. 54.
7. Bachelard, *op. cit.*, pp. 16-18. Inspiración que se logra con la "ensoñación poética."

8. Bachelard, *op. cit.,* p. 63.
9. Heidegger, *op. cit.,* p. 56. Referente a: "La esencia del arte sería pues, ésta: el poner en operación la verdad del ente".
10. Paz, Octavio, *op. cit.,* p. 179.
11. Paz, Octavio, *op. cit.,* p. 136.
12. Ídem.
13. Heidegger, *op. cit.,* p. 85.
14. Bachelard, *op. cit.,* p. 95.

Bibliografía
Bachelard, Gastón, "El derecho de soñar", España: FCE, 1997.
Heidegger, Martin, "Arte y Poesía", México: FCE, 1970.
Paz, Octavio, "El arco y la lira", México: FCE, 2010.

Espacios interiores: la casa del origen

EFI CUBERO

En los ciertos lugares que habitamos -distancia en la distancia-
cruje bajo los pies lo que perdimos.
Pero siempre, el corazón anima al pensamiento
logrando hacer legible la andadura.

Cuando se enfrenta a la elegía de los muros el viento es como un eco que le devuelve voces. Un pedazo de muro permanece, resiste y persiste blanco e impertérrito, único vestigio de la casa que un día fue: La casa del origen. Ahora aquel lugar es tan sólo un local amplio y abierto donde se almacenan automóviles y elementos ajenos a aquella función amparadora que las paredes resguardaban.

Siempre que lo contempla y acerca hacia él las manos, parte de esa energía la traspasa. Pero de cierto sabe que las visiones y los recuerdos, e incluso las imágenes, son parciales y que no tan sólo a ella pertenecen. Existe, sí, ese vínculo emocional que es sin duda colectivo como igualmente la pérdida estética de unas costumbres y una manera de entender la vida que era ajeno a la prisa. La ornamentación poética y el mimo para un lenguaje de cortesía. La casa, vista como un microcosmos o una minúscula ciudad, donde el aprendizaje de unos valores ciertos te convertían en ciudadano de un mundo responsable. De un mundo desde luego más justo, habitable y solidario.

Espacios, como el de esta casa donde impera el orden, un orden sosegado y para nada cuartelario, junto a lo lúdico, la pulcritud y la alegría, la observancia de unas ciertas normas basadas en el respeto y en el amor, que todo lo inunda, desde el cuidado de una simple planta o la manera de cortar el pan, cierta forma de andar por las baldosas como si no existieran las pisadas o ese mudo hablar de los ojos, entre silencios hondos; o cuando la costura sirve de acicate para narrar historias que encantan siempre a los pequeños, mediante la importancia de esa tradición oral que la tecnología ha ido perdiendo. Las horas de lectura, y el cantar suavemente entonando con gusto bien medido.

De ése, aún reciente pasado, quedan trazos seguros de lo que más importa aunque, no obstante, abundan las teselas dispersas de lo que no podrá -ni se pretende- que sea lo mismo o vuelva. Aunque sí que es bien cierto, parafraseando a Valéry con relación a otro distinto tema, en la casa del origen, que llega a ser la patria de la infancia, "...uno descubre una afirmación de la relación simétrica y recíproca que existe entre la materia, el tiempo, el espacio, la gravedad y la luz".

Siempre se trata de los espacios, ya sean interiores o exteriores, o acaso simplemente de la unidad de elementos que convergen en uno solo. Las casas, como los seres, viven, mueren, se derrumban, se alzan, respiran, crecen, sienten ese aliento vital que las habita como los propios humanos, sujetas a sus leyes como si fueran metáforas del mundo. A veces nos detenemos a buscar sus secretos, descubrir un sentido, penetrar en su urdimbre. Cada lugar es único, es sagrado porque fue vivido, y en él vida y muerte se anudaron junto al primer vagido, frente al último aliento. La casa nos despierta la inquietud del estar. Del ser estando, gestiona aprendizajes, devela la consciencia.

Es siempre, o simboliza, el fundamento de la piedra angular de la memoria. Todo se consolida, se funde en su interior y ese mismo interior se vuelve transparente mediante la evocación. Puede que un rostro amado no lo recordemos en sus rasgos precisos, pero el entorno de los primeros pasos, sí. Acaso, por la corta estatura en la niñez, ese espacio sea engrandecido, pero es real y nítido en el recuerdo, en sus formas, junto al placer – si la infancia ha sido más o menos feliz – del gozo estético que queda en los silencios.

A veces impera la necesidad de la urgencia de levantar de nuevo los cimientos que fundan los espacios interiores como defensa de lo ya perdido. Todo vuelve entonces a materializarse en la emoción del sosiego, con la certeza de la distancia, y esa seguridad que da la convicción de que nada volverá a ser como fue. No hay pasión inmediata, ni nostalgia, la casa que ahora te habita es otro lugar muy distinto, otro mundo dinámico y abierto, cosmopolita y amplio que, sin embargo, guarda las esencias del valor primordial de aquella forma de entender la vida que nos fue desde niños inculcado. Vectores de orientación que jamás perdimos como seres humanos y pensantes. La tolerancia, el amor y la dignidad, el respeto universal hacia el prójimo, la libertad de pensamiento: esa herencia impalpable que las paredes del corazón rezuman y resumen lo que somos y fuimos. Lo que bajo ninguna circunstancia jamás dejaremos –o deberíamos dejar- de ser.

La casa puede llegar a ser en sí misma una ciudad, como símbolo o tal vez alegoría, que se va construyendo lentamente, que avanza con su diversidad de estilos contrapuestos, con su urdimbre aleatoria, sus rincones secretos, sus amplias avenidas donde el tiempo discurre y la palabra vive, la tamizada luz y las abiertas sombras, las soluciones alargadas del zaguán dialogando con el cuadrado del salón y las estancias, abriéndose paso hacia el luminoso color albero de la antigua cocina, donde según la época o estación del año, un vivo bodegón aguarda fresco, aromándolo todo sin barrocos excesos. Porque en las casas sureñas la luz es lo esencial, protagonista, tan sabiamente desplegada sobre una fuente con membrillos, en el cesto de unas naranjas, en las granadas o en los frutos secos, señoreando a su antojo por las cuidadas plantas aportando un frescor de nervaduras sobre el vasar de brillantes azulejos, o encima del tallado pedestal de madera barnizada y olorosa; por las ventanas abiertas a las fachadas que se orientan a poniente; la fluidez espacial que el rectángulo del patio proporciona, o ese variado minimalismo de ciertas habitaciones que invitan al reposo y la lectura en las inevitables horas de la siesta donde la mecedora de rejilla cobra aún, o cobraba, su importancia de cómodo aislamiento con un sentido único de belleza y mesura.

Más allá de los tiempos o los códigos que rigen los destinos, ese espejo de vida refleja una mirada de interiores restituyendo la identidad de lo que nos concierne, en la perpetuidad de estar en vilo, puesto que sabemos que no existe la construcción ideal sin pugna con sus fracturas en las íntimas contradicciones.

En la zozobra de lo que ya no existe queda el reflejo que enciende las mareas del corazón; un cuaderno de bitácora que siempre apuntó al sur como su norte y, aunque la luna a veces sea como un faro lejano que no señala puertos, y cambiase de lugar o itinerarios, la vuelta a los orígenes será siempre una ruta legítima hacia el lugar que importa. Nada tan visceral como el silencio en la penumbra quieta del cobijo donde paredes inexistentes guardaron la memoria.

Transitar por los dédalos de la casa perdida es apretar con fuerza un puñado de luz e iniciar la lectura de los muros de nuevo. Aquellos que forjaron los enclaves de los antepasados sobre los sedimentos de culturas dispersas donde se tienden puntos suspensivos a unos tiempos remotos. No obstante, somos conscientes en que ya no hay correspondencia entre función y forma, y los conceptos de probabilidades a una vuelta hipotética tienden a ser marcados por el juicio de que no hay vuelta atrás.

Esta contradicción de los espacios, urbanos y rurales, que tan bien conocemos, pugnan en las parcelas del deseo entre asfalto y paisaje, materia tiempo y duda, en una ambigüedad que impide plantearse el retorno del círculo que cierre lo evocado. Una sabe de sobra –en palabras del clásico– que: "No se puede volver ni siquiera volviendo, porque el exilio es irreversible."

Vértigo
Alguna vez nos basta
hablarle entre sonrisas
a la casa dormida
hasta que se despiertan las paredes
y volvemos a ser adolescentes.
Alguna vez nos basta
con abrirles las puertas al deseo,
dejar entrar la noche
con vértigo de estrellas,
girar sobre su eje
y que nos muestre todo su esplendor.

La casa, como algo análogo al interior, con sus leyes no escritas, civilizando la materia con orden y armonía, la educación que late sobre ese mismo cuerpo, de sustancia, de austera sencillez, de reglas observadas, compartidas... Allí se establecían las básicas premisas en la diversidad de cada uno, pero siempre dentro de la unidad de conjunto que la familia representaba, desde un comportamiento cívico y colectivo entre la vivienda y sus habitantes. La resolución, el amor, la dignidad, como un código de honor que se auto-exige y exige al mismo tiempo, avanzando hacia el futuro con energía pero, sin perder de vista, lo mejor de lo que conforma la tradición o el resultado de una herencia moral irrevocable.

Despojados de decadentes limitaciones, los ámbitos de la infancia conservan la frescura de una fuerza generadora que tiene mucho de sugestivo y subversivo. La mirada del niño aún no tiene memoria y, al carecer de lastre, todo rápidamente lo asimila. La mirada limpia de prejuicios, que vaga en libertad por los rincones, se convierte en la cómplice perfecta de esos mismos espacios en un proceso activo e intuitivo de aprendizaje y vida. A menudo se expresa por sí misma y atraviesa los muros bajo un desdoblamiento de imaginación ajeno a todo espíritu de lógica. Todo es entonces observado a través de esa capacidad poética en la concentración de emociones desnudas y primarias. En los espacios imaginativos todo se salva y todo se depura; hay entonces una luz que nos envuelve como un deseo de crecimiento, como una sed que no sabemos en qué pozo beber para saciarnos. Entonces la mirada de la niña se alimenta de imágenes y absorbe las raíces esenciales del árbol primigenio de la casa que canta para ella con melodía inaudible. Atenta a lo profundo del propio sedimento, no sabe que al jugar, repite los gestos ancestrales del tiempo más antiguo. Que todo continúa aunque, en el juego de espadas de madera, de pelota, o de rifles de pega, los niños de la casa, inocentes guerreros tan cortos de estatura, no saben ni imaginan, que esos juegos incruentos, no han tenido en la historia de los hombres nada que sea apacible…

¿Qué arquitectos diseñarían con precisión de orfebre los hastiales, las altas bóvedas perfectas traspasadas de arquillos, los volados balcones, las fachadas deslumbrantes de cal, los muros orientados sabiamente; aquellos gruesos muros que evitaban las reverberaciones para que el inmisericorde sol respetara penumbras y frescores en las fauces ardientes del verano, abrigando a la vez las noches invernales con seguro cobijo?

Los mayores hablaban de antiguos y expertos alarifes, de gente de plomada y de mortero, de precisión exacta, que sabían, sin haber estudiado arquitectura, donde alzar una viga y entrecruzar los cabríos, como ajustar las tejas y elegir la cocción de los ladrillos, cómo fabricar el hormigón mezclando piedra pómez, dándole ligereza, arrancarle a los suelos pizarrosos el deslizante gris de la tersura, ahondar sobre las vetas del silencio hasta alzar edificios sólidos y perfectos, desafiantes en las inclemencias, duros y resistentes como ellos, gráciles en las pequeñas molduras, en la fantasía delicada de la ornamentación, en lo policromo de las vidrieras que todo lo teñían de colores cambiantes, en las rejas forjadas con maestría donde se enredaban las flores y los motivos vegetales de asombrosa belleza. Tiempo. El tiempo no contaba. Las baldosas del suelo, limpias y repulidas brillando como espejos proyectando siluetas a compás. Sobre el puro blancor de los pañitos, formados con paciencia primorosa en las tardes de charla, se exhibían las macetas más lozanas; la de más orgullo para las esforzadas jardineras. Un sueño de abanico y sillones de mimbre; las cortinas de gracioso recogido bajo el empenachado friso de tallada madera. Aquel zaguán pintado de azul antimosquitos; la cancela, el desván o doblado y en la penumbra las orzas repletas de aceitunas, las cantareras y la oscura alacena de celosía morisca; retratos familiares que parecían seguirte mirando más allá de los muros y paredes; y en la alta cornisa, sobre la chimenea repintada que jamás tuvo fuego, la delicada porcelana que mirada al trasluz trasparentaba el aire; la loza alineada y bien dispuesta; baúles misteriosos, cerrados con candados, tentación de los niños, y el desván, por donde la imaginación se desbordaba, un lugar sin misterio que, paradójicamente, era de lo más enigmático y donde la fantasía trazaba con más vuelo sus cartografías imposibles.

No agredir lo inmutable,
ceniza del olivo y del sarmiento,
cuando el aroma a hinojo
nos devuelve el sentido del tacto
y acude el rito antiguo de las manos,
endulzando despacio –sin tocarlas–
entre el frescor solemne de los muros,
la piel morada de las aceitunas.

Más adentro, pasada la cocina, el pozo de agua pura y fresca, con la roldana y el cubo de cinc, que refrescaba el vino y donde a veces temblaba un dulzor de sandías que alegraba el sopor de los veranos. Y el patio, lugar de la tertulia y de los juegos, con dondiegos abriéndose en la tarde con sus corolas vivas, junto al sutilísimo aroma de las estrellas blancas de los jazmines. Asediado en fragancias, concertado de grillos invisibles, el patio era ese sitio favorito que en noches de verano congregó los afectos y los sueños abiertos a las estrellas, a la claridad de una majestuosa luna que espejeaba arrancando reflejos a las flores. Y en la mañana azul, al lado de la tapia, al otro extremo, verdiplatas ramones del olivo se agitaban con un vuelo de pájaros, ebrios en el asombro de un cielo tan radiante y luminoso, de un aire del cristal más transparente. La torre de la villa se recortaba al fondo como un faro; artística y airosa, dominándolo todo con su esbelta silueta. Era un reloj exacto de campanas que vibraban de júbilo anunciando una boda, un nacimiento, o dejaban un rastro de tristeza infinita. Un latido de duelo con la punzada amarga de las tardes de entierro.

Todo entonces se silenciaba, recogido en sí mismo. Las voces se aquietaban y un dolor impalpable rondaba por las casas silenciosas e impregnaba la vida de ráfagas de muerte transformándose en sombra colectiva, puesto que todo allí se compartía.

Los pueblos, que parecen dormidos, tienen su propio ritmo atento al corazón de lo que importa, un continuado latir que aún sigue palpitando en los sencillos gestos cotidianos, en lo intemporal que guardan las palabras, en la generosidad sincera de los nobles afectos.

Así, la fábula moral, convulsión de señales interiores; arquitectura hipotética de un fundacional tiempo, en permanente transformación, donde la infancia sostiene con su magia la irrealidad de contemplar el mundo, al margen de los problemas existenciales que arrastran los adultos y que además se encargarán de resolver. El enigma de lo sagrado que pervive, parte de la realidad misma; ese poso que perdura y donde jamás son inestables, pensamiento, sentimiento, espíritu y materia. La realidad - irrealidad de las primeras impresiones la casa las concita; y allí se viven los más claros asombros y el más vital de los encantamientos.

La vida de estos muros, amplifica el dominio de la voz y de la intensidad de los silencios, hace brotar la fuerza de la viva memoria. De la naturaleza en las cronologías infinitas. Sedimentos narrables que resguardaron las huellas múltiples de los amados ecos llenos de luz y sombra. Noción inaugural que nos permite ver más allá de los tópicos. Ver la excedencia misma en otras casas que después te albergaron, reconocer los rastros de esas huellas en espacios lejanos del ancho y vasto mundo. Lugares que transforman, porque nos simbolizan, y nada basta nunca para llenar la sed irrefrenable, de vida y de palabra, cuyo límite jamás alcanzaremos.

Todo se dispersó. Sueños de permanencia terminaron fundidos en la aleación de esa búsqueda de un futuro mejor en los asfaltos de la gran ciudad. El viento buscó la sal del mar y abandonó las mieses que también eran olas infinitas de transparente espuma. Es verdad que un paisaje o una casa no tienen estado propio, no tienen que esforzarse para que los veamos en su vasta y callada plenitud, tan sólo es un pasado que perdura porque casi siempre lo que nos hace soñar testimonia una ausencia. Algo que omnipresente marcará la memoria porque sus cimientos están formados de estructuras culturales, antropológicas, artísticas, humanas, imaginarias, reales y expresivas que siguen conservando la fuerza de unos perfiles y la espiritualidad de determinados matices que son, para quien así los ha sentido y percibido, inviolables e imborrables.

Del ardiente metal de los adioses llega un sabor agridulce. Entre las nubes blancas del cielo de las sábanas la niña ha despertado con besos tiernos y un olor a café y a chocolate impregnándolo todo. Se asoma a la ventana y todo huele a limpio, como recién creado. No se detiene el tiempo sobre las instantáneas. Quedan los fotogramas de lo que perdura. Un álbum imborrable que ha captado la atmósfera, que resguarda los grises bajo el sonido de la lluvia que intensifica los aromas y rebota sobre las losas mientras pone en los ojos un vaho secreto de melancolía. La blanca luz de cal de los ortogonales muros reguarda la grafía de lo que queda aún por reescribir. No agotamos el fondo de las páginas hasta que no partimos y quedan todavía gamonitas y adelfas como cálamo vivo para apuntar un mundo de inagotables márgenes. Porque como dijo el bardo inglés: "El pasado es tan sólo el prólogo" y la vida se agita sobre el espacio del interior, que es sin duda lo que no envejece.

Jara

Hay una luz mojada de abandono
en el zumbido dulce que presiente la miel
sobre la flor de jara.
Respiras por las venas de la secreta voz
que te dictó por siempre la tierra y sus verdades.

Tuve tiempo de ver, de saber escuchar otras razones
que al interior desnudan y preceden
con tan sólo observar el vuelo de un insecto.
Una lengua nos llega del filo de la vida,
un lenguaje que habita los bordes de la noche,
las mentiras del tiempo, la energía del barro,
las trampas del amor, los enigmas del agua.
Yo sé que en estas franjas de aromas que aún aspiras
el tiempo es este vuelo que arrebata la esencia;
la visión reversible de tu mundo y del mundo
y, cuando todo pase, y tu paso sea olvido,
la flor de jara, entonces, te sobrevivirá.
Pero tu voz –lo sabes– se alzará consecuente,
sobre las flores, sobre las abejas,
sobre la duda, sobre la incerteza,
sobre la noche, sobre el abandono…

Notas
Poemas pertenecientes al libro de Efi Cubero, "Condición del extraño",
    España: La Isla de Siltolá - Colección Tierra n° 6, 2013, (168 pp.).

Bibliografía
Cubero, Efi, "Condición del extraño", España: La Isla de Siltolá -
    Colección Tierra n° 6, 2013.

Las formas de vida, del habitar y de la espacialidad habitable

ERIKA ENCISO SOSA

"Habitar es la expresión de la precisa relación del ser humano con el mundo "
Merleau Ponty, 2002

Cuando se habla del vivir inseparablemente se hace referencia al habitar e indisolublemente se piensa en una espacialidad habitable para ello. Estos dos últimos conceptos, habitar y espacialidad habitable (dada por un objeto), son temas recurrentes en la discusión del entorno habitable construido desde diferentes disciplinas, pero siempre en competencia a la arquitectura, cuyo origen deviene del deseo de la materialización de objetos habitables para el hombre; sin embargo, estas aportaciones desde diferentes campos de conocimiento suelen ser fragmentarias y poco vinculadas entre sí, lo que no ha permitido acercarse a la respuesta del cómo se relacionan ambos conceptos, cómo el habitar puede determinar y ser expresado en el objeto habitable (urbano y arquitectónico), y cuál es la importancia de ello. Esta la preocupación central del presente ensayo, que pretende aproximarse, desde el campo de la humanidades y de la teoría de la arquitectura, a una posible identificación de la importancia de la relación de ambos conceptos, habitar y objeto habitable, para (adelantándome) el bien vivir, en una concepción integral del hombre.

I

El habitar, cuyo nombre deriva de la palabra hábito (costumbre o manera de obrar), se expresa a través de todo tipo de actos: prosaicos, poéticos, superficiales, profundos, liberales o serviles, etc. Así, estas maneras de obrar no son tan solo una secuencia más o menos ordenada del actuar, sino más bien son la sustancia del habitar.

El hábito de habitar implica a todos los sentidos, de ahí que se pueda decir que se habita amando, trabajando, estudiando, conversando, durmiendo, etc.; luego entonces, el espacio habitado puede ser identificado, utilizado e imaginado como el escenario de la conducta y acción social e individual del hombre. Así, el habitar crea hábitos, que se expresan en actos y la suma de éstos constituye un principio de la habitación: habitar es habituarse, y habituarse implica permanencia y cierta repetición. A partir de ello se plantea que es entonces el hábito, y no la habitación, la primera secuencia del propósito de habitar.

Hasta aquí surge una pregunta: ¿qué es lo que da sustancia a los hábitos? Ernest Cassirer [1], plantea que la respuesta se encuentra en el pensamiento mítico del hombre. *"Lo que un pueblo hace con respecto a sus dioses debe ser siempre la clave, tal vez la más segura, para saber lo que piensa"*. A la pregunta obligada de qué es el mito, Cassirer expone algunas de las contradicciones significativas producto de un debate moderno con grandes controversias: que el mito es producto de la primitiva estupidez humana, producto de la imaginación, pura fantasmagoría (Tylor), que es grotesco, irracional, incongruente, absurdo, contradictorio, que es ilusión, alucinación y sueños construidos por una mente "prelógica" (Lévy-Bruhl), que es una patología o "peligrosa infección" que se origina en el campo del lenguaje y luego se difunde hacia la civilización humana (Müller), que son principios de asociación esenciales para el funcionamiento de la mente humana ilegítimamente aplicados que conducen a la magia, hermana bastarda de la ciencia (Frazer), que es tomado como realidad y que se piensa y actúa de acuerdo con ellos (Spencer), que son una masa de "ideas", de representaciones, de creencias teóricas y juicios, etc. Parece ser que el hombre se aferra poderosa y obstinadamente al mito en lugar de enfrentarse directamente con la realidad, porque vive una vida de emociones y no de pensamientos racionales.

"Para comprender el mito, se debe empezar por el estudio de los ritos".

Cassirer manifiesta que el mito no puede sustraerse del rito que desprende, así, la antropología ha explicado a los ritos como manifestaciones motrices de la vida psíquica del hombre. Lo que se manifiesta en ellos son tendencias, apetitos, afanes y deseos que se traducen en movimientos (rítmicos, solemnes o desenfrenados, regulares y ordenados o violentos estallidos orgiásticos). Así, "el mito es el elemento épico de la primitiva vida religiosa del hombre, y el rito es su elemento dramático". ¿Qué significa esto de que los ritos son manifestaciones motrices de la vida síquica del hombre? Ciertamente lo motriz implica movimiento... y lo de la vida psíquica se puede entender a través de las preocupaciones, afanes y deseos del hombre; luego entonces, los ritos pueden ser aquello de lo más profundo emotivamente que pone en movimiento al hombre. Ello es lo que constituye la sustancia de los hábitos (actos rituales), cuya suma integran el habitar. Heidegger dice: "La manera según la cual los mortales son en la Tierra, es el habitar."

Ello demanda la conformación del terreno donde se desarrolle la vida cotidiana del hombre, es decir, donde tengan "lugar" las prácticas habituales que integran su expresión social concreta dando origen al entorno habitable construido (a saber: lo urbano y lo arquitectónico en diferentes escalas). Este hecho "... determina el surgimiento de dos unidades conceptuales principales: el territorio y el lugar" [2].

Reconocerse dentro de un territorio, como habitante del mismo, donde a su vez habitamos con los nuestros, es un factor de identificación y de pertenencia, es decir, de identidad. Así, el habitar (expresado a través de actos costumbre) territoriza al espacio, el vivir en lo califica, y ambos lo dotan de significado para que sea algo más que un conjunto coherente de sitios; ello hace que cuando se constituye una comunidad territorial, sus habitantes integren una sociedad y la sostengan con sus formas de organización y producción de deseos, necesidades y satisfactores. En los modos de vida se encuentran las bases que definen el entorno construido (urbano y arquitectónico), donde el habitante genera soportes que le permiten identificarse en medio de múltiples acontecimientos y símbolos.

En tanto que se ha planteado que "...el lugar es la manifestación concreta del habitar humano, donde la identidad del hombre depende de su pertenencia a un lugar" [3]. Son los lugares, los sitios donde se asocian rasgos con usos y con usuarios, fines y experiencias pasadas que les permiten adquirir identidad y reconocimiento como parte de un territorio. Ambos, territorio y lugar, más que percibidos son construidos por el individuo y por prácticas y creencias que son de naturaleza social, ello da origen al entorno habitable construido, conformado por lo urbano y lo arquitectónico, que a su vez expresan el habitar.

II

"Al habitar llegamos, así parece, solamente por medio del construir". Recordamos esta frase de Martín Heidegger, con la que inicia su ensayo sobre el "Construir, habitar y pensar" [4], donde plantea que el construir tiene al habitar como meta (yo diría que el construir tiene su origen en el habitar). Si consideramos, como lo plantea Heidegger, que el habitar y el construir están en una relación de fin a medio, entonces ello sugiere que sea el habitar lo que sustente al construir (con la intención de cuidar, de mirar por el crecimiento), con lo que volveríamos al planteamiento de las manifestaciones de los modos de habitar de cada entidad social, sus expectativas y su expresión física concreta: lo construido. Sin embargo, él hace una aportación general respecto a lo que todo ser humano trata de expresar y conseguir en el habitar a través del construir: estar satisfecho, llevado a la paz, permanecer en ella, es decir, preservado de daño y amenaza; todo ello lleva en última instancia a la Cuaternidad (unidad donde convergen la tierra, el cielo, los divinos y los mortales), donde los mortales habitan en la medida en que cuidan de dicha Cuaternidad y la llevan a la esencia de las cosas. Construir es al mismo tiempo el habitar. Ésta, finalmente, es otra manera de abordar la complejidad que el habitar representa, distinguiéndola del edificar y considerando siempre al construir como el habitar mismo). Sin embargo, vayamos ahora a otra interpretación, de lo que el hecho de construir el entorno habitable implica cuando se considera habitar y construir por separado.

La arquitectura tiene un carácter eminentemente propositivo, capaz de responder a las formas de vida (a los hábitos que se desarrollarán) que le dan origen y superar las expectativas previstas, dotándole de nuevas formas habitables que no se contraponen a las formas en cómo se ha venido dando el habitar, por el contrario las pueden revitalizar, en un proceso histórico de la generación de la forma. Al respecto, se ha destacado que los entornos habitables construidos son mucho más que un mero reflejo pasivo de la cultura o un receptáculo para el comportamiento humano, sino que tienen un papel activo en relación con ambos: el hombre y el entorno construido [5], también se plantea que la condición humana y el entorno habitable son el resultado de un mismo proceso dialéctico donde se da un mutuo condicionamiento y formación {6}. Al respecto, C. Alexander [7] ha expresado: "(…) partiendo de la consideración de que todo medio ambiente, grande o pequeño, es la corporización tridimensional de la cultura, entonces sus categorías culturalmente definidas son las que organizan el espacio, ya que cada una de ellas define una actividad, en un lugar, y con sus respectivos comportamientos humanos establecidos." Por su parte Doberti [8] establece una relación directa entre los comportamientos sociales y las conformaciones del hábitat y plantea que los comportamientos de cualquier orden -alimenticios, sexuales, laborales, pedagógicos, etc.- están indicados, posibilitados y delimitados por las estructuras de formas (espacios y objetos) que realizan las nociones de comedor, alcoba, oficina, aula, etc.

De lo anterior, se puede inferir que los objetos no son habitables por sí mismos, aunque su cualidad de habitables es lo que les ha dado origen, es sólo cuando el hombre los dota de significados (los designa) cuando se puede identificar su caracterización de habitable, como cualidad de lo habitable (que puede habitarse, es decir, habituarse lo que lleva implícita cierta permanencia). Así, habitar y habitabilidad, pueden ser entendidas como "…una relación comprometida consciente y activa con el medio físico. Habitamos, al ser parte de los objetos y somos habitados por ellos, al ser parte de nosotros mismos" [9].

Así, el habitar, y ahora más explícitamente los hábitos (actos - acciones), se manifiestan en las diferentes escalas del entorno construido, por y para tales fines, desde los primeros niveles de organización como la casa, hasta los más complejos como la ciudad. De aquí que se pueda decir que las prácticas sociales están en relación directa con los entornos construidos donde se inscriben, pues son las interacciones complejas (acciones y símbolos) de los individuos y de los grupos, en continuo diálogo con el entorno, las que conducen a los diferentes modos (maneras particulares de hacer una cosa) de diseñar, organizar y producir sus espacios habitables.

Este es el punto donde se enlazan los procesos de producción proyectual arquitectónica y las formas de vida y la habitabilidad (como cualidad de lo habitable), pues esta producción, como hecho social, estable una específica dinámica del modo de producir objetos habitables, de donde surge la pregunta: ¿Cómo se constituyen los objetos (e intrínsecamente las espacialidades) habitables?

III

Hartamman [10] plantea que, en principio, la arquitectura es la menos libre de todas las artes, ya que está doblemente atada, primero por la determinación de sus fines prácticos a los que sirve (que le dan origen y que no es elegido libremente sino que deviene de un habitador o un constructor que lo demanda), y segundo, puesto que ha de ser construida, la atan el peso y fragilidad de los materiales con que se materializa. Sin embargo, como se ha mencionado, siendo en esencia una actividad proyectual y propositiva de formas, se puede liberar y ser dotada de cierta independencia estética. Esto genera un problema entre libertad y falta de libertad, cuya solución se encuentra en una síntesis, en donde construcción (fin práctico) y composición (fin estético) sean una sola propuesta, para llegar a construir algo más que cosas útiles. Aquí puede residir la genialidad en el arte de la arquitectura.

Para ello, Hartmann propone la identificación y hábil manejo de "estratos externos" en la arquitectura. Respecto a éstos, se pueden identificar: 1) la composición según un propósito: que debe dejar de ser entendida como una limitante, por el contrario la obra arquitectónica "…sólo puede ser una solución que parta por completo del aspecto práctico y elija después las posibilidades que éste le permita desde el punto de vista de la forma estética", reconociendo con ello que la arquitectura nace de un fin práctico, pero que en su solución debe mostrarse el arte; 2) la composición espacial: que está referida a las posibilidades estéticas de la organización y dimensionamiento de los diferentes espacios y masas, es decir, al arte del proyectar; y 3) la composición dinámica: entendido como el manejo de los materiales y procesos de construcción ligados a la materia que ha sido elegida según el fin práctico y la composición espacial, así, los tipos de construcción están esencialmente condicionados por el poder técnico, pero siempre al servicio de una composición espacial determinada.

Hasta aquí, pareciera que no hay gran aportación de Hartamman al tema, sin embargo, es en la proposición de identificar otros estratos de carácter interno, definidos como aquellos que dicen algo de la vida o del ser anímico de los hombres que la construyeron, que se encuentra lo relevante para descubrir a través de ello, las manifestaciones del habitar que le dan origen, y a partir de los cuales se puede tener una visión mucho más rica y profunda sobre el hecho arquitectónico. Pero, aclara, no toda obra arquitectónica posee estos estratos. De ahí que se crea que lo peculiar de las formas arquitectónicas es que expresan lo humano, y que no surgen como ocurrencias del individuo, sino que se configuran paulatinamente en una larga tradición, con lo que se confirma el carácter social de la arquitectura. Entonces, distingue tres estratos internos (que aparecen más o menos secuenciados): 1) el sentido o espíritu de la tarea práctica; 2) la impresión de conjunto, de las partes y del todo, que tienen relación directa con los estratos externos de la composición espacial y la dinámica; y 3) la expresión de la voluntad vital y del modo de vida, casi siempre inconsciente y siempre en una cierta oposición con el propósito práctico.

De éstos, el estrato interno que se reconoce como el más profundo es el tercero, pues manifiesta la relación de la voluntad de una vida humana que transcurre en formas habitables determinadas, y se afirma que sólo cuando se da esta relación pueden aparecer la vida y la forma de ser del hombre en sus construcciones. Este es el estrato más interno de la arquitectura, el de la voluntad vital, pero (como se ha mencionado a lo largo de este ensayo) no se refiere a una voluntad individual sino a la voluntad histórica de una comunidad que vive de un "modo" determinado, con unos ideales y unas nostalgia comunes, nacidas de una tradición genuina, es decir, el espíritu del que brota una obra arquitectónica es, desde un principio, un espíritu comunitario (objetivo), que proviene de la distancia histórica, de principios pequeños, y se transforma muy lentamente.

Dicha relación de voluntad de expresión de un particular modo de habitar, tiene una íntima relación con lo que Worringer [11] plantea acerca de la voluntad creativa. En su trabajo, también habla de buscar en las relaciones históricas más íntimas de la humanidad para comprender las energías morfogenéticas existentes en la arquitectura que impulsan la necesidad de su expresión (la voluntad artística, la voluntad de forma) y con ello, comprender al fenómeno mismo de la arquitectura. La tesis que nos propone es: que si se es capaz de considerar a la historia del arte como una historia de la voluntad artística, ésta adquiere una significación universal, porque los cambios de voluntad, se manifiestan en las variaciones de los estilos social e históricamente cambiantes, reflejados en los mitos, las religiones, las reflexiones filosóficas, y en las intuiciones del universo; así, ello se convierte en la historia del alma humana y de las formas en que se manifiesta. Ello conlleva a valorar no tanto a los objetos producidos sino a la voluntad y los conocimientos mismos para materializarlos, y expresa: "La tarea de la investigación de la voluntad artística consiste propiamente en dilucidar las categorías morfogenéticas del alma, es decir sus energías humanas que impulsan a la necesidad de expresarse formalmente en los estilos y su evolución, manifestándose en cambios cuya regularidad se hallan en la relación entre el hombre y el mundo exterior (relación llena de variantes y rica en múltiples peripecias)".

IV

Otra consideración es que el carácter interno de un obra arquitectónica no se agota sólo con el propósito de la misma, ni en la forma espacial ni en la construcción dinámica y los recursos, sino que debiera expresar además algo del carácter y del modo de ser colectivo de los hombres que la crearon, pero no solo desde el punto de vista del productor sino también del posible habitador. Si esto fuera así, muy probablemente la separación que generalmente existe entre los espacios construidos por terceros y los modos de habitar de futuros usuarios no sería tan grande, y las construcciones no sufrirían tantas modificaciones como omisiones del modo de habitar específico del usuario. Esto no quiere decir, que la arquitectura se diseñe reproduciendo fielmente todos los hábitos de su habitador, hecho casi imposible de identificar por el diseñador y/o constructor, y que además le compete al habitador mismo en aras de su apropiación del objeto; de lo que se trataría en todo caso es de partir de la concepción de que el hecho arquitectónico es complejo, que tiene un carácter social, e individual, formal e históricamente contextualizados, mismos que el diseñador, el productor y el constructor debieran atender con la misma avidez que las cuestiones de carácter práctico (económico y técnico), para lograr con ello entorno habitables que sean mucho más que construcciones útiles, porque en ellos se desenvuelve la vida del hombre y éste requiere de lugares con los que pueda relacionarse, pertenecer y finalmente identificarse, para "hacer pie existencialmente". Es dotar a los objetos habitables de su cualidad estética que permitan llegar a poetizar el espacio porque como plantea Heidegger: "Es sólo poéticamente como habita el hombre en la Tierra".

Así, como hecho social, el entorno habitado no puede ser comprendido como algo acabado, cerrado y definido; por el contrario, está inmerso en una dinámica de permanencia y cambio constantes que provocan tensiones, adhesiones y separaciones, continuidades y rupturas. Por ello, el hablar de entorno habitable construido es hablar de un tema tan complejo como la dinámica misma de la construcción socio - cultural. Ante ello, Iglesia [12] vuelve a proponer al lugar (considerado como la unidad espacial elemental del territorio), para ser la unidad conceptual básica del estudio el espacio habitado. Ello sugiere una rica indagación en el tema específico del lugar, pero, desde luego, con las nuevas perspectivas aportadas desde el campo de las humanidades.

Conclusión

Hasta aquí, pareciera que el discurso construido desde las humanidades antepone al ser humano y sus modos de habitar por encima del hacer proyectual y constructivo, con la capacidad de modificar intuitivamente lo que no le satisface. Es decir, que las necesidades del modo habitar están por encima del objeto habitable. Haber comprendido esto me ha posibilitado, además de conocer con más profundidad la complejidad del tema, tomar una distancia crítica sobre el hacer proyectual.

Empero, aún ninguna de las explicaciones anteriores termina por satisfacerme claramente ante el cuestionamiento de ¿cómo se

63

prefigura el objeto habitable en respuesta al modo de habitar?, ni ¿cuál es su participación en el proceso de producción proyectual arquitectónica, para construir el objeto cuya espacialidad habitable este en correlación con el modo de habitar?

Ello es lo que me da pie para la indagación de tesis de maestría, en el campo de diseño arquitectónico, sobre la determinación del modo de habitar en el proceso proyectual del objeto habitable construido (urbano y/o arquitectónico) por su relación con el modo de habitar (colectivo e individual) del hombre. Sin duda no ha habido mejor base y complemento para el tema que lo aportado desde el campo de las humanidades.

Notas

Maurice Merleau-Ponty (1908-1961), filósofo existencialista francés, cuyos estudios fenomenológicos sobre el papel del cuerpo en la percepción y la sociedad abrieron un nuevo campo a la investigación filosófica. Merleau-Ponty nació en Rochefort el 14 de marzo de 1908. Enseñó en la Universidad de Lyon, en la Sorbona y después de 1952, en el Collège de France. El primer trabajo importante de Merleau-Ponty fue La estructura del comportamiento (1942), una crítica al conductismo. Su obra fundamental Fenomenología de la percepción (1945), es un estudio detallado de la percepción con influencias de la fenomenología del filósofo alemán Edmund Husserl y de la psicología de la Gestalt. En este libro mantiene que la ciencia presupone una relación de percepciones original y única con el mundo que no se puede explicar ni describir en términos científicos. Este libro puede considerarse una crítica al cognitivismo -la idea de que el trabajo de la mente humana puede ser entendido, estructurado en términos de reglas o programas-. Es también una crítica contundente al existencialismo de su contemporáneo Jean-Paul Sartre, al mostrar que la libertad del hombre nunca es absoluta, como afirmaba Sartre, sino que está limitada por nuestro propio cuerpo y el de los demás. Enciclopedia Microsoft® Encarta® 2002. © 1993-2001 Microsoft Corporation.

1. Cassirer, E., "El mito del Estado", México: Fondo de Cultura Económica, 1985.
2. Iglesia E., "Vivir y habitar". El habitar. II Congreso Internacional ámbito latinoamericano. Buenos Aires, 1999, p. 35.
3. Norberg-Schulz, "Existencia, espacio y arquitectura", Barcelona: G. Gili, 1975 (pp.144).
4. Heidegger, M., "Construir, habitar y pensar", Barcelona: Conferencias y artículos, 1944.

5. Iglesia, *op. cit.*, p. 70.
6. Hierro, Miguel. "La idea del habitar". Ensayo elaborado para el Taller de Investigación: La experiencia del espacio, la habitabilidad y el diseño., inscrito en el Programa de Maestría y Doctorado, de la Facultad de Arquitectura, México: UNAM, 2001, p.2.
7. Iglesia, *op. cit.*, p. 35.
8. Iglesia, *op. cit.*, p. 37.
9. Hierro, *op. cit.*, p. 2.
10. Hartmann, N., "Estética", México: UNAM, 1977, pp. 147-155, 249-258.
11. Worringer, W., "Naturaleza y abstracción", México: FCE, 1997.
12. glesia, *op. cit.*, p. 35.

Bibliografía

Cassirer, E., "El mito del Estado", México: Fondo de Cultura Económica, 1985.

Hartmann, N., "Estética", México: UNAM, 1977.

Heidegger, M., "Construir, habitar y pensar", Barcelona: Conferencias y artículos, 1944.

Hierro, Miguel. "La idea del habitar". Ensayo elaborado para el Taller de Investigación: La experiencia del espacio, la habitabilidad y el diseño., inscrito en el Programa de Maestría y Doctorado, de la Facultad de Arquitectura, México: UNAM, 2001.

Iglesia E., "Vivir y habitar". El habitar. II Congreso Internacional ámbito latinoamericano. Buenos Aires, 1999.

Norberg-Schulz, "Existencia, espacio y arquitectura", Barcelona: G. Gili, 1975.

Worringer, W., "Naturaleza y abstracción", México: FCE, 1997.

Muros nuevos que arrullan mi sueño

LUZ GABRIELA GONZÁLEZ ROCHA

Recuerdo el primer día que llegué, mi primera impresión no fue buena, había algo vacío en sus macizos blancos que formaban un espacio gris, un lugar donde se pudiera estar un día o dos. Espacio pequeño ante mis ojos. Nuevo, reducido, sin identidad. Dejé el equipaje y salí. No encontraba nada que me sedujera a permanecer en él, sólo la idea de la resignación.

Extrañaba la vista turquesa de mi espacio, el viento que movía las cortinas doradas semitransparentes, los muebles obscuros contrastantes, el sol de la mañana que con su luz forzaba a abrir mis ojos. Fue entonces donde comprendí que no extrañaba el mobiliario, ni las "cosas", lo que añoraba era mi color, temperatura, el olor y más que nada mi sentimientos. Accedí en ese momento de añoranza, a una imagen que me trasladó al estado de un minuto mágico. Porque "cada lector busca algo en el poema. Y no es insólito que lo encuentre: ya lo llevaba dentro" [1]. Sí, lo conservo impregnado en la mente y así quería mantenerlo, perpetuarlo y trasladarlo a este nuevo espacio.

Poco a poco esto debía de cambiar, apropiarme de mi nuevo sitio, dejar de sentir que cualquiera pudiera estar en él, convertirlo en mi refugio. Comencé entonces, sin darme cuenta, a ejercer arquitectura, a convertir ese espacio en mi propio mundo, para así encontrar el nivel adecuado de intimidad. Ir descubriendo lentamente la *verdad* [2] que como toda obra debe de tener.

Desde el instante en que me apropio dejo de ser el sujeto que lo usa para ser el arquitecto. Habló de una apropiación mental que después iré instalando en sus muros. Me di cuenta que lo único que tenía era una representación técnica, una materialización, edificación sin alma. Pareciera ser que el autor de dicha construcción olvidó que la arquitectura debe contener dos partes esenciales la espiritual y la tangible. Hacer de éste un *poema* [3] que no es una forma literaria sino un lugar de encuentro entre verdad y el habitante. Donde forma y esencia son lo mismo.

Siempre me he creído afortunada por tener todos mis sentidos, sin embargo, son la vista y el olfato mis consentidos. Estar por primera vez en este lugar significaba para mí algo más que una mudanza, era algo nuevo, me habían movido de mi raíz. Me llevó tiempo, no recuerdo cuánto, el observarlo; sus lienzos blancos estaban ahí, pero aún no me sentía con la seguridad de invadirlos, mancharlos, firmarlos; sería como ultrajarlos, quizá porque aún no los sentía propios.

Tres cajas separadas por puertas grises, conforman la totalidad del espacio, pero sólo puedo acceder a ellas por una puerta: la que me da acceso al espacio principal; un piso obscuro, muros blancos y un vano acristalado; este último cubierto por una serie de planos seriados color rosado que se abren y cierran manualmente. La descubrí en cuanto llegué y ahora procuro tenerla siempre abierta. Es un marco perfecto para el cielo azul de fondo donde se pintan diversos verdes con diferentes texturas y escalas; pero también se puede observar un monstruo ladrillado como su vecino, pero ni él logra opacar por algún momento el retoño de algunas hojas verdes en unas ramas casi secas, con pequeñas flores lilas que deseo en algunos meses se conviertan en duraznos amarillos. Ese hermoso cuadro me da la bienvenida, es lo primero que ven mis ojos al entrar, cabecera fija de la cama, tan bella y silenciosa.

Hasta hace poco había notado lo importante de esa "ventana", es una entrada de sensaciones, el olor a guayaba que se produjo todo diciembre, aroma a tierra húmeda, el sonido del agua tranquilizador cuando se llena la pileta, algunos pájaros perdidos que buscan sus nidos, el gato que se pasea por el techo y marquesinas. Pero es también el efecto sonoro el que me recuerda que estoy en una ciudad; las campanas de la iglesia cada hora nunca me fallan, aunque a veces soy yo la que le falla a ellas al estar distraída para escucharlas; el sonido de los autos y el ruido que provocan sus cláxones son la alarma de la hora de salida.

Ahora me pongo a pensar por qué el reloj sigue sin pila, no lo necesito, es el sol, el piar de los pájaros, el rápido cambio de temperatura que se asoma por el cristal hasta bañar mi cama con sus cálidos rayos, la primera campanada, el bullicio de la gente apresurada; lo que me avisa que ya es de mañana aun cuando mantengo los ojos cerrados. Es entonces que he logrado apropiarme ya de sus sonidos, la caja ahora es un imán sonoro. "(…) se alertan los sentidos y se dispone la mente para apreciar todo aquello que un lugar le ofrece. La experiencia estética de la arquitectura se encuentra presente en todo momento"[4].

Como lo había dicho, es el olor aquel que a la mayoría nos hace recordar, y los olores están en todos lados; qué tontería al no pensar que la arquitectura también se percibe por el olfato. Mi primer invitada fue la canela, la canela que coloca mi papá en el comedor, donde se reúne mi familia para reír, conversar y, por qué no, hasta para discutir. Pude haber escogido otro aroma, pero no fue así, el olor de "mi comedor" fue el elegido.

Ahora cada vez que inserto la llave y, en cuanto se escapa el aire contenido en mi guarida, siento que llegué a ella, mi nariz me lo comunica; mi alma ya percibe la serenidad y la tranquilidad de que estaré a salvo, en otros términos, he llegado a "casa". "(…) el nido recibe una evaluación extraordinaria. Se requiere que sea perfecto, que lleve la marca de un instinto muy seguro" [5]. Sin importar que tan pesado fuese el día, ahí todo se olvida, se queda afuera, no es invitado al lugar de mi paz.

Cuando cierro mi pequeña fortaleza me siento segura, aunque hay momentos en los que me siento ahogada, encerrada ¿será por la mala costumbre que he tenido de dejar siempre las puertas semi abiertas? pero ahora no puedo, pues no me siento en familia.

Pero a medida que voy modificando, voy descubriendo un lenguaje, algo confuso, turbio y oculto y hablo de lenguaje en un sentido material; pues cuál otro pudiera ser sino este lenguaje del arquitecto, que poco a poco me ha dado la oportunidad de transformarlo e irlo apropiando. Pasar de un usuario a ser un habitante.

Mi segunda caja adjunta es un clóset, al cual rápidamente coloqué toda mi ropa con cierta armonía colorida con el fin de transformar ese armario en una vista más. No me gusta su ubicación, pues muchas veces me distrae con el hecho de girar la cabeza unos cuantos grados en el momento de trabajar. Pero he pensado que mi mejor opción es reacomodar los muebles.

Debo aclarar que es aquí donde me he dado cuenta que tengo un problema con la privacidad total. Me doy cuenta que los arquitectos o constructores del edificio, el que ahora es ya mi espacio, pensaron que la privacidad se lleva en los muros macizos y los cristales esmerilados. Como suele ocurrir en la mayoría de los espacios. Una línea delgada separa la posible privacidad dada por muros y la seguridad que sé transmitir al reconocer y sentir propio un espacio.

Lo mismo sucede con la ventana de mi tercera caja: la ducha a la cual ingreso por una puerta mal colocada en el centro del muro, lo cual me limita el movimiento de los muebles, sin embargo, lo serio es que estoy fuera de relación con la ventana, no puedo creer que un cristal sea totalmente opaco, siento que quebrantan su esencia [6], su naturaleza de ser transparente, visible, se olvidaron de las sutilezas que marcan la diferencia en un espacio. Pero la culpa no la tiene el cristal, sino la ubicación, el hecho que se convierta en un ente opaco es sólo su reacción, el resultado de algo que no se pensó. Ningún vano bien pensado, ubicado y reflexionado debería de ser cubierto con cortinas, persianas, o cristales opacos. Las ventanas deben ser creadas como marcos de lo que es afuera y adentro, es la vista que nos inspira, que nos deja respirar. Sin embargo, al igual que la mayoría, mi ventana sufre ese mal. Y no puede ser de otra forma, pues sin ese disfraz no tendría privacidad, los sujetos del edificio vecino pudieran tener contacto visual con mi espacio. Me desagrada salir de la ducha y no ver nada, sólo el intento de la luz natural que se filtra pero no ilumina. Intenta ser pero no es, y todo por una mala decisión en el diseño arquitectónico de los detalles, de esas sutilezas que pueden cambiar el espacio.

Busco la línea horizontal clara, formada al mantener el vano abierto, en el vacío provocado por el cristal y el marco, que me permite observar la realidad, ver el clima y saber qué es lo que sucede con tan sólo ver las nubes o la tela azul. Hubiera bastado con un giro distinto hacia el oriente del espacio, la marquesina superior de mayor magnitud, o el desplazamiento de algún par de metros del monstruo vecino, lo que nos hubiera dado la mejor vista y entrada de luz natural a todo nuestro edificio. Pero es así y me tengo que adaptar, sin embargo, algo puedo hacer, cambiar el cristal, por uno transparente, y brindarle sombras en algunas partes que permitan mantener esa privacidad y relucir el transparente que me mantenga en contacto con el exterior.

El recinto principal de esta habitación lo conforma un espacio rectangular, tres muros macizos, el de la cabecera con un vano en la parte superior del total del muro, mi ya mencionada "ventana", y un perpendicular a éste, donde se localizan los otros dos vanos que dan acceso a los espacios adjuntos. Cuando abro la puerta, se muestra quieto y estático, pero he logrado que contenga vida. Un espejo colocado en uno de sus muros, en la pequeña longitud de las dos puertas me sirve de menhir delimitando virtualmente el fin de mi área de dormir y el comienzo de espacio de trabajo. Es sencillo, todo lo designa el mobiliario.

Por la mañana es un área multifuncional, un lugar de trabajo, de estar y hasta de convivir.

Un escritorio de madera es mi rincón de tareas, mi compañero en las noches, colocado en una manera indispuesta, pues desperdicio una hermosa vista al colocarme de espaldas a la entrada del sol, pero en ocasiones giro para tomar aire, despejarme y continuar. Ahí sentada sólo giro la cabeza hacia arriba y suelo ver mi medio de comunicación, un televisor negro que sobresale de entre el respaldo blanco; se siente el protagonista y no lo es, es por eso que decido colocar una repisa de madera amarrada de ese muro donde puedo colocar lo que para mí es importante, mis libros y una pequeña fotografía, ahora puedo levantar la mirada y ahí están sus letras y mi familia.

De noche se transforma; al ver descender el sol que se va ocultando entre los follajes hasta quedar oculto tras la barda, y rápidamente mi piel siente el descenso de la temperatura en ella, debido a que durante el día casi no es tocada por los rayos dorados, únicamente unos minutos en la mañana cuando sale el sol y antes de que las copas de los árboles se le interpongan. Es fría y con esto mi cuerpo sufre ya que con la oscuridad se cuela el viento frio que hace enchinar mi piel.

Y es en esa noche que se muestra sereno, silencioso, mudo e inmóvil, el espacio se pausa se dispone para arroparme en su quietud. Hay momentos cortos o largos, realmente no cito el tiempo, pues es actor secundario, pero ese instante en que sus muros me arropan, sus sonidos me envuelves y los olores me mantienen en la realidad, el reposo de mi ser, un bienestar me permite pasar de una *ensoñación* [7] consciente a mi tiempo de soñar.

El sonido tranquilizador del agua, el viento susurrar, y algún gato maullar es la sinfonía de cada noche, pero todo esto cambia cuando enciendo la luz; el chillido ensordecedor de la lámpara lo cambia todo, me perturba y opto entonces por trabajar con la tenue luz que me regala un pequeño foco de luz amarilla del clóset; y prefiero forzar la vista a sacrificar mis oídos y concentración.

Algo que aún no puedo lograr, es el apropiarme del cielo raso y el piso; disfruto andar descalza, pero existe algo que aún no descubro en este piso que no me lo permite, quizá sea su baja temperatura o la textura, tal vez la falta de una limitante visual o de tacto que me designe el adentro del afuera. Pero creo que con la experiencia y el tiempo lo descubriré.

Y así, sin darme cuenta, en pausas, convierto este espacio que es mi habitación, en mi lugar de confianza. Cierro la puerta y me encuentro en *mi* territorio, es "*mi*" vista y *mi* olor, son sus sonidos al entrar cuando me apropio de ellos, me adueño de sus muros. Y conforme observo y descubro algo que no me agrada, lo muevo, añado, quito. Porque como nos dice Octavio Paz, el ser tocados por la mano del hombre, cambia de naturaleza y penetra en el mundo de las obras. Y todas las obras desembocan en la significación, lo que el hombre roza, se tiñe de intencionalidad: es un ir hacia… el mundo del hombre es el mundo del sentido. [8] Y *mi hacia* es ese ser de confianza, esa apropiación que me hará libre.

En este momento mi obra es mi recamara, y hago uso de la conexión que quiero lograr mediante mis habilidades para crear un lenguaje único entre él y yo.

Y así lo seguiré haciendo, recolocaré los muebles, y aunque no pueda hacer mucho, pues los espacios también son castigados por las circulaciones prediseñadas, continuaré habitando poéticamente ese espacio.

Aun cuando hay muchos detalles que me gustaría cambiar, como la orientación, la cual me queda claro que nunca se pensó, la textura de los muros o el color de las puertas, todo en blanco es demasiado frio, sobrio. Quizá un piso diferente al exterior que ya es un lugar público, o las lámparas, porque es molesto escuchar su ruido. Y descubrió que hay tanto por hacer, y que no lo hubiese descubierto si no fuera por la disposición que tuve ante el espacio para descubrir lo que es, lo que se instaló ahí para ser leído, vivido, descubierto y contemplado [9].

Probablemente, hubiese sido suficiente que el autor de este espacio se postrara en él, en una manera de querer que la arquitectura nos saque de lo habitual, dar la oportunidad a quien fuese el habitador la oportunidad de apropiación del espacio mediante pequeñas sutilezas que pudiera ir descubriendo en la creación de la obra. "Quien verdaderamente sabe del ente, sabe lo que quiere en medio del ente" [10].

Como verdadero creador se debe *saber querer* [11] para ponerse en una disposición de comunicación con el ser vivo de la obra. Porque es la desocultación de una verdad mediante un lenguaje, y en ese momento el lenguaje era la arquitectura. Y debiese haber tenido en mente la posibilidad que mediante la arquitectura pueda transformarse al habitante, dar la oportunidad de vivir un momento místico de encuentro con el espacio, donde el alma puede habitar de manera consiente y terrenal. Lograr citar el tiempo en una memoria porque: "Cada vez que el lector revive de veras el poema, accede a un estado que podemos llamar poético. La experiencia puede adoptar esta o aquella forma, pero siempre un ir más allá de sí, un romper los muros temporales para ser otro" [12].

Con sus limitantes y errores de diseño preliminar, al final cuando lo veo por última vez antes de salir, giro la llave y lo dejo atrás esperando regresar a él. Lo dejo quieto, inmóvil. Pienso que no puede ser perfecto y probablemente le falte mucho, pero lo voy acoplando a mi vida, a mi ser, lo voy haciendo mi espacio de libertad, mi *ser de confianza* [13]. Es mi oportunidad de lograr convertirlo ese sitio, en lugar mediante la apropiación de éste con una experiencia que se manifiesta en emociones y sensaciones. Es mi oportunidad de convertirme en poeta, en creadora de recuerdos, imágenes y poemas que destellen en cada uno de sus muros y de sus vanos nada más que poesía, esa verdad pura.

…Así es que, déjame que te cuente el mundo que mis sentidos habitan.

Notas

1. Paz, Octavio; "El arco y la Lira", México: FCE, 2008, p. 24
2. Heidegger, Martín, "Arte y Poesía", México: FCE, 1970, pp. 80-101. En estas páginas el autor sostiene que la obra de arte debe contener una verdad, la cual no es creada sino develada por el artista mediante una traducción, en este caso la materialización de un espacio. Toda obra de arte debe tener una verdad, que nos da la oportunidad de ser libres en este mundo terrenal, la cual puede ser expuesta mediante un lucha y unión entre lo tangible y lo intangible. La verdad como alumbramiento y ocultación del ente acontece al poetizarse. Todo arte es como dejar acontecer el advenimiento de la verdad del ente.
3. Paz, *op. cit.*, pp. 14-17.
4. Saldarriaga Roa, Alberto; "La arquitectura como experiencia", Colombia: Villegas editores, 2002, p. 29.
5. Bachelard, Gastón; "La poética del espacio", México: FCE, México, 1973, p. 125
6. Heidegger, *op. cit.*, pp. 35-60. En el capítulo del "Origen de la obra de arte" el autor hace referencia al término esencia como la parte intangible, de lo que la cosa es, y no puede prescindir de ella. Del conocimiento a profundidad de una obra que desvela poco a poco su esencia su razón de ser. Esencia de aquello que otorga confianza, paz, tranquilidad y libertad. Un espacio donde se puede ser.
7. Bachelard,Gastón, "la poética de la ensoñación", México: FCE, 1993, pp. 8-12. En el libro "La poética de la ensoñación" el autor, pretende comunicar que la ensoñación poética es un estado donde se encuentran todos los sentido. Polifonía de los sentidos que la ensoñación poética escucha y que la conciencia poética debe registrar. La diferencia sutil pero esencial radica en que se sueña dormida, es decir inconsciente, mientras que la conciencia puede intervenir en la ensoñación, ya que el individuo está despierto, es todo un universo que viene a contribuir a nuestra felicidad, cuando la ensoñación viene a asentar nuestro reposo.
8. Paz, *op. cit.*, p. 19.
9. Heidegger, *op. cit.*, p. 83. La patencia de lo así patente, es decir, la verdad, sólo puede serlo que es, o sea la patencia misma cuando y mientras ella misma se instala en lo así patente. Por eso cada ente deber ser en cada caso un ente en que tome estado y haga estancia la patencia.
10. Heidegger, *op. cit.*, p. 90.
11. Heidegger, *op. cit.*, pp. 90-96. Para Heidegger el "saber querer" involucra un estado de extático que se manifiesta mediante el abandono del hombre como ser físico para ponerse ante la desocultación del ser. Es el estado de resolución de ir más allá de uno mismo, al estar expuesto ante el ente, y el cual es también el

sereno estado de interioridad en lo extraordinario de la obra de arte. La contemplación de la obra no aísla al hombre de sus vivencias, sino que las inserta en la pertenencia a la verdad que acontece en la obra, y así funda el ser –uno-para-otro y el ser-uno-con-otro como el histórico soporte el existente (Dansein) por la relación con la no-ocultación.

12. Paz, *op. cit.*, p. 25.
13. Heidegger, *op. cit.*, pp. 54-55. "Ser de confianza". El ser del útil, el ser de confianza, concentra en sí todas las cosas a su modo y según su alcance.

Bibliografía
Bachelard, Gastón; "La poética del espacio", México: FCE, México, 1973.
_____, "la poética de la ensoñación", México: FCE, 1993.
Heidegger, Martín, "Arte y Poesía", México: FCE, 1970.
Paz, Octavio; "El arco y la Lira", México: FCE, 2008.
Saldarriaga Roa, Alberto; "La arquitectura como experiencia", Colombia: Villegas editores, 2002.

Reflexiones sobre la habitabilidad mágica de la casa de la abuela

MIGUEL ÁNGEL GUERRERO HERNÁNDEZ

La casa de la abuela era una casa hecha sin arquitecto, como muchas otras, como la mayoría de esa época y aún de la actual. Eran los principios de la década de los sesenta, allá por 1961; en la periferia de la ciudad de México todavía había terrenos baldíos, poca gente del centro de la ciudad se aventuraba a comprar un terreno en la orilla, sin urbanización, sin medios de transporte cercano, solamente lo hacían las personas que arribaban de la provincia mexicana a la ciudad en busca del gran "embrujo capitalino". México era una de las ciudades más pobladas del mundo, en aquel entonces la metrópoli azteca contaba con una población de tres millones de habitantes [1].

Ese era el caso de mis abuelos; desde su natal León, Guanajuato en el Bajío Mexicano, llegaron a rentar un cuarto a la gran urbe de hierro, ubicada en la parte central de la República Mexicana, con el sueño de darles otras perspectivas de vida a sus once hijos. En esta ciudad, que sólo imaginaban por lo que se decía a través de la radio y del cine en los años de 1925 a 1955 (época de su juventud). En la radio escuchaban la famosa estación XEW conocida como "La voz de la América Latina desde México" con locutores de la valía como Alonso Sordo Noriega, Jorge Marrón (el Dr. "IQ"), Carlos Pickering, Manuel Bernal y muchos más; también a través de lo que percibían en las películas que se exhibían en ese tiempo, donde México atravesaba su época de oro en el cine, con actores grandiosos cómo Arturo de Córdova, Dolores del Río, Pedro Armendáriz, María Félix, Libertad Lamarque, Pedro Infante, Jorge Negrete, Tin Tán, Joaquín Pardavé, Cantinflas y muchos otros.

En ese tiempo, por el año 1961, fue cuando ellos, mis abuelos, no sin antes hacer grandes esfuerzos, lograron comprarse un lote de ciento sesenta metros cuadrados en la periferia de la ciudad de

México. Sobre puro lodo, sin asfalto en las calles, sin alumbrado público en las aceras, sobre este terreno empezaron a construir su casa, que a mí me pareció siempre una "casa mágica".

El abuelo, sus amigos y algún albañil que consiguió, fueron la fuerza de trabajo para realizar la mano de obra de la construcción; la abuela, con su gran sabiduría que la avalaba su certificado de tercer año de primaria de estudios elementales, la hacía de arquitecto. Ella fue moldeando poco a poco esta morada que se distinguía porque cualquier persona que estuviera ahí, se sentía a gusto. La casa era también una casa transformable, se sentía la calidez, como si la hubieran hecho pensando en uno, había siempre un lugar para cada quien; la casa reflejaba el espíritu y el alma de quién la habitaba.

Aunque el abuelo fue una gran persona, la abuela era un sol que deslumbraba, hasta cierto punto tapaba con su brillo la luz del abuelo. Nunca he conocido una mujer con tan poca necesidad de hablar como mi abuela "Lola", era una mujer de pocas palabras y quizá su mayor cualidad era saber escuchar; mucha gente se acercaba a ella para pedirle consejos. Nunca tomó partido por alguien, siempre imparcial, de ahí su gran ascendencia sobre todos los que la conocieron. Su comunicación la establecía tan sólo con su mirada, con su actitud, nunca la oí gritar, levantar la voz, era indudablemente un héroe [2], término que Carlyle utiliza para designar a esos seres que influyen en las comunidades cercanas a ellas, que no necesitan mentir, con una voluntad inquebrantable sustentada en sólidos principios morales, que son auténticas, tienen claridad de pensamiento, que tan sólo con su ética y su simple sabiduría humana logran conquistar y trascender su medio, irradian magnetismo y atracción.

La abuela con su carisma, su sencillez y humildad era capaz de congregar a más de doscientas personas en las fiestas familiares y en las "posadas mexicanas" de diciembre era capaz de convocar y hacer participar en su casa a todos sus vecinos. A pesar de ser una persona con pocos recursos económicos nunca dejó de ayudar a un necesitado. Así, siendo ella una persona de baja estatura, yo siempre la veía muy grande.

Creo que nunca supe de alguien que se le acercara y le pudiera decir mentiras, su ser y su mirada no se lo permitía, me tocó llegar a ver pordioseros que le pedían dinero diciéndole mentiras, ella los miraba con esa mirada entre profunda, triste y enigmática diciéndoles tantas cosas con los ojos, que lo mejor que podían hacer estos menesterosos era alejarse rápidamente y obviamente apenados, cómo decimos por acá… "con la cola entre las patas".

Además de hablar de la personalidad de mi abuela, quiero describirles y platicarles por qué la casa de la abuela parecía mágica… es porque no le faltaba ni le sobraba nada, no era chica, ni grande, tenía un circuito sin fin que nunca terminaba, parecía un "carrusel de caballitos" que nunca paraba, sobre todo en los días de fiesta.

La casa recibía a la gente con un pórtico lleno de flores de distintos colores, predominando el verde y el blanco entre flores rojas, naranjas, azules, violetas; con olores casi imperceptibles pero seductores, me imagino que por eso siempre estaban ahí las jovencitas coqueteando y los jóvenes pululando como inquietos colibríes. En ese pequeño edén podía uno encontrar diferentes tipos de plantas, había huele de noche, jazmines, gardenias, nardos; siempre floreando, mi abuela tenía muy buena mano para las plantas, les hablaba, más bien les susurraba, las trataba como a seres humanos, bueno, todos sabemos que son seres vivos, pero la abuela platicaba con ellas, nada más no les cantaba porque era muy tímida, sólo cantaba en la iglesia o cuando dirigía los rezos en su casa.

La sala con una sola puerta, siempre abierta, parecía decirnos "¡bienvenido, estás en tu casa!". Antes de entrar se oían voces, a uno le daba curiosidad saber a quién se encontraría, siempre había algún familiar de provincia que no conociéramos, (éramos tantos). Había una ventana al poniente, penetraba por ella y a través de la persiana un sol hasta donde el abuelo lo permitía. También había una pared con un Cristo que casi siempre se iluminaba como a las cinco de la tarde, era muy curioso, como si así lo hubieran planeado desde siempre. Ahí en la sala, se encontraban generalmente las personas de mayor edad con el abuelo, y también los familiares que habían llegado de provincia, ellos permanecían sentados en unos sillones humildes, pero que me parecían los más importantes del mundo. Yo aprovechaba cualquier momento de mi infancia, como a los nueve años más o menos, para sentarme mientras me daba un descanso de los juegos que tenía con alguno de los más de cuarenta primos que tengo.

Después en el atardecer, esta sala se convertía en sala de conciertos porque teníamos al tío que cantaba ópera increíblemente, su voz se oía hasta la esquina de la cuadra, y si es que el tío se cansaba o se iba, la sala se convertía en pista de baile. El color de los muros siempre los recuerdo en tonos pastel, claros, nunca brillantes ni blancos, pintados sobre acabados de yeso semi-fino, con algo de textura, que al pasar la mano sentías que te decía algo el muro.

A un lado estaba el comedor, en donde, por lo regular, estaban los más glotones o bebedores de la familia; ellos eran algunos tíos, mi padre entre ellos. Por cierto, en esos tiempos el tequila era tan barato y tan bueno, curiosamente desdeñado en aquel tiempo por la mayoría de los citadinos porque pensaban que al ser barato era corriente, la mayoría de la gente prefería beber brandy o ron y qué decir de los jovencitos que empezaban a beber y le "hacían el fuchi" al tequila.

A la hora de la comida en el comedor acontecía un desfile interminable de manjares, ¿de dónde salía tanta comida?, sólo mi abuela y su Dios sabían cómo le hacían para alimentar a tanta gente.

Seguía la cocina que era el corazón de la casa, el hogar en término literal, el calor de la cocina lo generaba mi abuela no con la estufa sino con la luz que irradiaba de su ser. Aquí, ella era la reina, aquí movía sus hilos, su dios le otorgó el gran don del sazón, entre otros más, su fuerte o especialidad eran el mole, el arroz y frijoles. Recuerdo que habitualmente se despertaba a las cinco de la mañana y ella personalmente, sobre el piso en "cuclillas" con su metate y comal, estaba preparándole el desayuno al abuelo y a alguno de los hijos ya casados que con frecuencia llegaban, añorando el sabor de la comida de la madre.

Aquí en su cocina en los días de fiesta que eran muchas por las bodas de tantos hijos, ella organizaba a todas las mujeres para tener la comida lista para todos; esta cocina estaba seccionada en dos partes por un espacio que se convertía en pasillo de circulación, lo cual permitía a las madres ver desfilar a sus hijos pequeños jugando, dando de vueltas por la casa en ese "circuito sinfín"; y no los tenían que cuidar, la casa los cuidaba. Recuerdo que todos los niños dábamos vueltas y vueltas corriendo, nunca nos aburríamos, siempre veíamos cosas diferentes, y nos decíamos que la cocina era la zona de las mujeres; se acostumbraba mucho por ese entonces que los hombres convivieran por un lado y las mujeres por otro.

Desde la cocina se podía salir a un patio con un lavadero que era bonito porque también tenía plantas por todos lados y tenía otra vereda de flores ocultas, no sé por qué me imagino que este era un rincón favorito de la abuela donde se iba a relajar, a meditar, lo que llama Bachelard [3] "… el rincón donde uno se agazapa, el germen de la casa, donde no se habla consigo mismo, sino que se recuerda al silencio, el silencio de los pensamientos".

Por el circuito interminable de la casa se podía uno desviar a las recámaras donde acostaban a los niños recién nacidos (las hijas también resultaron muy prolíficas, la mayoría con más de cinco hijos por cabeza). Una de las recámaras se ubicaba cerca de la cocina donde las mamás pudiesen oír el llanto de su bebé cuando llorara. Debajo de todas las camas siempre había uno o dos petates de palma enrollados listos para fungir como camas durante la noche para todos los familiares que venían de provincia. Recuerdo también que cuando era imprescindible compartir una recámara entre varios familiares la solución era dividir el espacio con una cuerda amarrada de pared a pared y sobre de ella una cortina gruesa, más bien era cómo telón de cine que permitía cierta privacidad.

Ligado al patio estaba el baño situado en el exterior y a semi-cubierto, protegido por marquesinas del mismo techo de la casa, ubicado estratégicamente en un punto central para que lo pudiera usar cualquier persona desde cualquier punto de la casa.

Por este mismo patio podías subir a través de una escalera metálica a la azotea donde se encontraba un mundo maravilloso y desconocido para mí, un niño de ciudad que no conocía nada del campo, hasta ese entonces. Era una pequeña granja donde la abuela recreaba parte de su mundo provinciano e incorporaba este espacio campirano en la ciudad, tenía jaulas hechas con postes de madera, techos de lámina metálica y todos los muros con tela de gallinero que por su transparencia le permitía ver a todos los animales que ahí tenía a "golpe de vista". Contaba con gallinas que ponían "huevos de verdad" (para mí un niño urbano que creía que era un producto que sólo vendían en la tienda de la esquina), conejos y uno que otro puerco, algunos de estos animales eran sacrificados para servir de alimento sobre todo en las bodas de alguno de mis tíos, todo un rito era ver cómo la abuela sacrificaba a los animales y, por cierto, recuerdo no con muy buen sabor de boca cuando la abuela me puso a matar una gallina "torciéndole el pescuezo".

Aquí, en ésta azotea jugábamos a las escondidillas con mis primos y las vecinas. Los diseños de las casas de hoy ya no presentan o contemplan este tipo de laberintos que permiten a los niños jugar a los escondites; además, a las niñas de hoy ya no les gusta esconderse o se dejan encontrar muy rápido.

La puerta de acceso de la calle nunca fue una barrera infranqueable para los vecinos, el que quería entrar podía entrar, la calle también se convertía en patio de juegos, podíamos jugar en aquel entonces futbol, volibol o juegos de ronda sin riesgos ni peligros de que pasaran automóviles.

Así fue, a grandes rasgos, la conformación de la casa de la abuela que tanto extraño. Ahora, como arquitecto, hago un ejercicio de reflexión para intentar descubrir cuáles fueron las pautas que inconscientemente logró la abuela para diseñar esa valiosa y mágica habitabilidad en su casa, y que en términos de Heidegger [4] diría que la abuela consiguió habitar en forma poética.

Para esto, me apoyo en el pensamiento de filósofos y poetas que estudiamos dentro de la maestría de diseño arquitectónico, donde la Dra. María Elena Hernández titular de la materia de "Arquitectura y Humanidades" nos invita y nos convence a conocer la arquitectura a través del pensamiento de ilustres pensadores ajenos al campo arquitectónico y que nos ofrecen con el crisol del mayor de las artes -la poesía-... Esto ha sido herramientas valiosas para entender los fines que debe alcanzar el quehacer arquitectónico.

Diría el mismo Heidegger [5] "si somos lo que hacemos", luego entonces la abuela sería lo que era su casa, su casa era su imagen, su color, su pulcritud, su limpieza, su pureza, no había elementos caprichosos ni artificios vanos, todo era congruente con ella con sus mitos y ritos, su humildad, su transparencia, su carisma, su amor que desprendía, el cariño que le tenía toda la gente que la conocía, a su familia sobre todo, esto lo emanaba también su casa. Por lo tanto la primera pauta es correcta al definir que la casa representaba fielmente a la abuela.

Por otro lado, guiándonos de la mano de Bachelard [6] podemos ver que la abuela tenía su rincón favorito, ahí en un sendero escondido en el patio lleno de flores, junto a un alcatraz y muy cerca de un geranio que fue el que más sufrió luego de su muerte, ahí ella, precisamente en este rincón, se agazapaba, se aislaba del mundo para encontrar ese silencio que abre las puertas de nuestra inmensidad íntima, ahí donde se nos dan las respuestas que le hacemos a la vida; ahí ella encontraba esa voz interior que le ayudaba a tener esas imágenes poéticas convertidas a pensamiento desde el corazón y el alma, creadas por la ensoñación poética.

Nos dice Bachelard de este ensueño poético que se realiza sólo estando despierto, cuando se es libre, es una instancia psíquica, es un goce que no tan sólo goza de sí mismo sino que prepara a otras alma para otros goces poéticos; en el ensueño poético las almas velan, sin tensión descansadas, activas en un poema completo, el espíritu lo prefigura en proyecto, pero en una simple imagen poética no hay proyecto, sólo falta un movimiento del alma, el alma anuncia su presencia.

En su rincón, la abuela lograba transmitir con su presencia esa forma poética rebasando las resonancias sentimentales, despertando las repercusiones que nos llamaban a la profundidad de la propia existencia de quienes la observábamos y logró operar cambios en nuestro ser.

Bachelard aborda el tema de la casa tan vital para el ser humano y dice que a través del rincón y el ensueño poético se garantiza habitar con plenitud su espacio vital, donde encontrará esos valores íntimos que le son inherentes y trascendentales.

Al crear esa pequeña granja en la azotea, la abuela trae para sí y para los suyos ese gran apego a la tierra y seguramente la reminiscencia que la transporta al encuentro de su casa materna. Esta casa, diría el mismo Bachelard, es una casa mágica llena de ensoñación poética, cuna primera de sus hijos, concha protectora, donde hay rincones, cajones, armarios, un universo en miniatura con lo de adentro y lo de afuera, morada llena de inmensidad de sentimientos, espacio habitado que trasciende el espacio geométrico. Bachelard nos dice también que la casa remodela al hombre y lo redefine en su mismo concepto.

Con esta forma poética de apreciar los espacios habitables, Bachelard da una pauta importante a los arquitectos para revalorar los mismos, deslindando que no son precisamente todos los espacios suntuosos, exuberantes y extensos los ideales o únicos que pueden brindar confort o la tan perseguida eficiencia de habitabilidad, sino que son los valores que tienen los espacios poéticos, alcanzados a través de la ensoñación poética del que la habita los que otorgan intensidad total habitada. La grandeza radica en la ensoñación intrínseca y que el mundo es grande en nosotros mismos.

Ahora considero que la pauta generadora principal de la composición arquitectónica de la casa de la abuela fue su profunda devoción católica que le permitió prefigurar y diseñar esos espacio-momentos en su proyecto; a este respecto diría Cassirer [7] "el hombre es producto de sus más profundas creencias, su fe, sus mitos y ritos resultantes"; sólo de esta manera entiendo ahora aquel circuito sin fin que ella logró y el cual era como un espacio imaginario que atravesaba la cocina y nos permitía dar vueltas y vueltas en las ritos y procesiones de las festividades y posadas de diciembre.

Y esta férrea voluntad creativa impulsada por su fe y el gran amor que tenía por su familia son las que la impulsaron a terminar su obra rápidamente a pesar de sus limitaciones económicas. Esta voluntad creativa que Worringer [8] define innovadoramente como el "germen que provoca las obras de arte", no es la inspiración ni la casualidad, sino que es el ferviente deseo de crear.

En la idea de crear algo útil y trascendente desde esta voluntad creativa, Hartmann con sus aportaciones filosóficas sobre los trasfondos del arte, nos ayudaría a entender parte del resultado de esta casa al decirnos que "(...) una arquitectura que no construyera algo que sirviera a la vida -ya sea a la vida cotidiana, a la estatal o a la religiosa- sería puro juego vacío, tramoya" [9].

Sobre la arquitectura, nos dice Hartmann que aunque aparentemente es el arte menos libre, porque está atada tanto a los fines prácticos a los cuales sirve y al peso y fragilidad de la materia con la que se construye, no lo es. Él identifica en la efectividad arquitectónica dos fenómenos que vendrán a incidir en el trasfondo de la arquitectura: el primero es su analogía con la música, de cómo surge tras lo sensiblemente audible, algo mayor sólo musicalmente escuchable; así en la arquitectura tras lo directamente visible se presenta un todo mayor, donde a cada momento lo directamente visible es sólo un lado de la construcción porque la composición no se da a partir de un punto y que, sin embargo, el contemplador tiene una conciencia intuitiva que le permite percibirla desde varias perspectivas y lados surgiendo una visión estética de donde intuye el todo a partir de estas vistas parciales. El segundo fenómeno se refiere al aspecto que va más allá de la forma material espacial, desde aquí las obras nos hablan de su pasado, de su carácter, de sus trasfondos anímicos: su piedad, su poder, su nobleza, su pobreza, su libertad. Todo esto llena y anima las formas.

Hartmann plantea que la casa en cierta medida es el vestido de su vida comunitaria más estrecha (familia, clan, economía), que la moda es análoga al estilo arquitectónico y que en éste existe arte cuando desempeña un valor dominante como en la arquitectura. La razón de ello podría estar en el momento de su utilidad, de su función. Dice que el arquitecto medio no es artista, que sólo puede construir como se construye dentro del estilo de su época que le tocó vivir. Así sucede que el hombre está atado en épocas arquitectónicas productivas que se marcan e identifican fuertemente como épocas de estilos. Con ello, se da en la arquitectura un mundo de trasfondo que propone y desarrolla llamándolos estratos externos e internos.

De lo anterior, se puede inferir porque la casa de la abuela fue un punto importante no sólo para la familia, sino también a la comunidad inmediata de su calle, que establecía esta casa como lugar idóneo para celebrar las festividades y ritos de diciembre, con la composición espacial aun con pocos recursos, denotando el carácter interno y humano de la obra, culminado con el ideal perseguido de la misma, referido a lo espiritual.

Conclusión

La casa de mi abuela me pareció mágica sobre todo durante mi infancia. Aquella casa fue una casa diseñada y construida sin la orientación o apoyo de un arquitecto, tal como se da en la mayoría de las casas de América Latina, y todas ellas contienen esos valores que a menudo pasamos desapercibidos y no contemplamos como parte esencial del programa y concepto arquitectónico. En efecto, desatendemos la parte humana de quien la habita, preponderando la parte funcional.

Me queda la certeza, ayudado por la reflexión de los pensadores comentados en este escrito, el considerar siempre en las pautas de diseño arquitectónico a intangibles como el carácter humano, la emotividad, la iluminación, el trasfondo auditivo del entorno, y a utilizar estos elementos, que no cuestan, en términos utilitarios, y de los cuales no podríamos prescindir si intentamos realmente habitar poéticamente un espacio.

Nos queda a los arquitectos mucho por explorar en sectores populares de las poblaciones. Finalmente, dadas las circunstancias de generalizada falta de trabajo en el gremio de los arquitectos, bien podríamos enfocar nuestra atención a aprender de las formas de habitar de esos sectores, conocer sus ritos, tradiciones y héroes. Con frecuencia los arquitectos desatendemos estos "materiales proyectuales preexistentes" los cuales, precisamente, se refieren al verdadero trasfondo de una obra de arquitectura.

Notas

1. Datos del INEGI (Instituto Nacional de Estadística, Geografía e Informática) www.inegi.gob
2. Cassirer Ernest, "El mito del Estado", México: Fondo de Cultura Económica, 1985, (363 pp.).
3. Bachelard, Gastón; "La poética del espacio", México: FCE, México, 1973.
4. Heidegger, Martín, "Arte y Poesía", México: FCE, 1970.
5. Heidegger, *op. cit.*
6. Bachelard, *op. cit.*
7. Cassirer, *op. cit.*
8. Worringer Wilhelm, "La esencia del gótico", Argentina: Nueva Visión, 1973
9. Hartmann Nicolai, "Estética", México: UNAM, 1977, pp. 147-155, 249-258.

Bibliografía
Bachelard, Gastón; "La poética del espacio", México: FCE, México, 1973.
Cassirer Ernest, "El mito del Estado", México: Fondo de Cultura Económica, 1985.
Hartmann Nicolai, "Estética", México: UNAM, 1977.
Heidegger, Martín, "Arte y Poesía", México: FCE, 1970.
INEGI (Instituto Nacional de Estadística, Geografía e Informática) www.inegi.gob
Worringer Wilhelm, "La esencia del gótico", Argentina: Nueva Visión, 1973.

Casa, infancia y afecto. Reflexiones en torno a la poética habitable

MARÍA ELENA HERNÁNDEZ ÁLVAREZ

Comienzo desde la literatura, con el fragmento de un cuento:

Hay en la casa de mis abuelos una habitación con una enorme ventana que mira hacia el sur y al poniente, a cientos de frondas de árboles que se aferran heroicamente a las paredes de una barranca profunda y espectacular. En la habitación hay como objetos muchos libros en enormes estanterías de fina madera, un pavimento de añeja e impecable duela de encino y un viejo tapete persa desteñido parcialmente y marcado por pesados objetos de otros tiempos. Todo en este espacio huele a trabajo, y también a cariño y a nostalgia.

El lugar está en la parte posterior de la casa y lo separa un impecable jardín. Tiene la particularidad de que se puede atrancar fácilmente por dentro; muy conveniente esto. Además, como es deliciosamente soleado buena parte del año, la temperatura en su interior es perfecta.

En mi infancia y juventud, todos los sábados y domingos en que había comida en casa de la abuela, hermanos y primos realizábamos allí infinidad de juegos, conversaciones y lecturas. Mucho veíamos pasar afuera de la ventana en la barranca y de todo también sucedía adentro. Podíamos estar ahí a nuestras anchas. Tal vez los tíos, papás y abuela, oían a lo lejos nuestro bullicio, pero pocas veces se asomaban a ésta, nuestra maravillosa guarida de primos que a lo largo de tantos años la desdoblamos y transformamos en mil mágicos lugares, circunstancias y situaciones. Por ejemplo, la cuadrícula que el sol y la ventanería tendían sobre la perfecta duela, nos definía incontables canchas mutantes y efímeras que apresuraban los partidos y competencias entre nosotros haciéndonos cada vez más hábiles; así, las canicas, el arrastrar la moneda con la nariz o con la frente, las matatenas territoriales, las famosas carreras de nalgas, de hombros o de garnuchos de migajón, llenaban el espacio y nos definían y exhibían en diversos roles.

Muchas tardes pasamos actualizándonos en los chismes, cuentos de risa, de terror o bien, jugando a revivir los muertos en la familia. Planeábamos toda clase de aventuras o, en muchas ocasiones, simplemente estábamos en silencio leyendo alguno de los libros del abuelo. Por supuesto, nunca faltaron los juegos de mesa-piso, y claro, las apuestas nos endeudaban a todos de por vida.

Entre los diecinueve primos (exactamente diez mujeres y nueve hombres) había poca diferencia de edades, así que fuimos creciendo como un clan que compartía mucho también del propio despertar. Evidentemente, con el tiempo pudimos encontrar en esta habitación espacio para los primeros descubrimientos de nuestra sensualidad.

Y en estas nostalgias y ensoñaciones me encontraba yo cuando, de pronto, bruscamente un colibrí se estrelló en la ventana (mi blusa era de color rojo); restableció aturdido su vuelo y huyó hacia la barranca. Entonces, regresé a la realidad presente, y me percibí deliciosamente de cara al sol, como muchas otras veces lo había yo hecho en aquel lugar. Y es que un buen día, a una de las primas grandes –no tan grande, como ya expliqué- se le ocurrió que el uso de la habitación debía rifarse entre los primos: un rato para los hombres, otro para las mujeres y uno más para todos; unánimemente estuvimos de acuerdo.

En lo que tocaba a nosotras, ella propuso que instauraríamos una exclusiva playa nudista. Hicimos un pacto secreto en donde ahora el juego consistía en quitarnos la ropa para disfrutar de la delicia del sol en nuestra piel. Éramos jóvenes curiosas así que fácilmente aprendimos de todas porqué nos cambiaba el cuerpo. Lo que sí, es que teníamos poca malicia ya que nunca, hasta hace muy poco, descubrimos los restos del pequeño espejo que los primos colgaran desde la azotea para espiarnos por turnos. ¡Los muy pillos!... ellos también hicieron sus pactos. Y mejor ni indagar más al respecto, ya que varios de nosotros estamos casados y con hijos en edad de aquellas complicidades.

Así las cosas en esta habitación en la que el olor de los libros y la madera del piso, la huella del sol en el tapete y cada cristal de la ventana, guardan el detalle de muchas historias de nuestra infancia y juventud. Lo que todavía no comprendo, pero celebro, es el por qué esta habitación permanece tan privada, tan íntima e intacta, como suspendida en el tiempo, para invitarme, cada vez que recuerdo o visito la casa de mi abuela, a seguir deseando tenderme en el piso, de frente a la barranca, y contemplar y disfrutar cómo el sol y las cuadrículas de la ventanería recorren lentamente mi alma y mi piel.

Como arquitectos, hemos leído entrelíneas en el fragmento de este cuento que el olor, el tacto, la vista y el sonido son los cuatro sentidos externos con los que percibimos los espacios en los que habitamos, pero… evidentemente, hay mucho más que sólo lo físico sensorial. Y es lo que se refiere a lo cualitativo, a lo entrañable, a aquello intangible que genera pertenencia, identidad, apropiación. La poética habitable en la que aquellos primos estrecharon sus lazos, los marcó para siempre. Y es que, además de los afectos, de la infancia y la juventud, le damos también crédito al propio espacio físico, es decir, a aquello que en sí propicia o facilita la arquitectura. Entonces, podemos afirmar aquí que, los espacios físicos en que habitamos las casas y los espacios afectivos de la infancia son vitales para nuestra existencia, y que sin alguno de ellos, los seres humanos quedamos profundamente descobijados. El espacio afectivo de la infancia se funde en su correlato arquitectónico y ambos constituyen lo que aquí comprendemos como el hogar, el nido humano, y en ello queda impresa vitaliciamente en cada uno de nosotros la "cosa poética", sagrada e inmensamente íntima, única e irrepetible para ser el germen de todas las moradas a lo largo de nuestra existencia. Al respecto, nos dice Constantine Cavafis en uno de sus bellísimos poemas:

(…)
No encontrarás otro país ni otras playas,
llevarás por doquier y a cuestas tu ciudad;
caminarás las mismas calles,
envejecerás en los mismos suburbios,
encanecerás en las mismas casas.
(…)

O, también, como leemos en un fragmento del hermoso cuento *El árbol perdido* de José Durand:

María Elena Hernández Álvarez

Apareció por fin, más allá de su fe. Otra vez ante el árbol, ahora de juventud inexplicable. Así era. Sobreviviente ignorado, como el de su padre y sus recuerdos. Quizás lo recuperó a fuerza de memoria. Había aguardado media vida, callado y terco. Más que a recompensa, le sabía a bendición, pero la inquietud apagaba su júbilo. Cerraba los ojos, cavilando, y volvía a mirar. Faltaba el libro de su padre. Otros completarían el hallazgo, ya habría cómo.

Allí estaba el árbol y era suyo. El único. No se habían secado del todo ni viejas añoranzas ni tristezas. La compañía paterna, el huerto antiguo y también Cecilia.

El hogar de nuestra infancia –su adentro y su afuera, su espacio público y su espacio privado e íntimo– es también un instrumento de conocimiento de nosotros mismos porque en sus espacios se gestaron las neurosis y fortalezas de nuestra persona, es decir, el aprendizaje primigenio de nuestra vida. En el hogar de la infancia, choza o palacio, de una u otra manera la vida comenzó bien, encerrada en un regazo de protección, y en ello existe mucho que agradecer. Las grietas de sus muros y los secretos en los armarios, cobijan y resguardan en la realidad física o en nuestra memoria nuestros recuerdos, nuestros anhelos y nostalgias.

Y no es únicamente nosotros que podemos hablar de las casas de nuestra infancia, son ellas mismas las que hablan por y de nosotros, porque, en palabras de Gastón Bachelard, la casa es nuestra segunda piel. Y esto lo podemos verificar, por ejemplo, en el bellísimo y extenso poema de Dulce María Loynaz *Últimos días de una Casa*; del cual presento a continuación unos cuantos fragmentos:

No sé por qué se ha hecho desde hace tantos días
este extraño silencio:
silencio sin perfiles, sin aristas,
que me penetra como un agua sorda.
Como marea en vilo por la luna,
el silencio me cubre lentamente.
Me siento sumergida en él, pegada
su baba a mis paredes;
y nada puedo hacer para arrancármelo,
para salir a flote y respirar

de nuevo el aire vivo,
lleno de sol, de polen, de zumbidos.
Nadie puede decir
que he sido yo una casa silenciosa;
por el contrario, a muchos muchas veces
rasgué la seda pálida del sueño
-el nocturno capullo en que se envuelven-,
con mi piano crecido en la alta noche,
las risas y los cantos de los jóvenes
y aquella efervescencia de la vida
que ha borbotado siempre en mis ventanas
como en los ojos de
las mujeres enamoradas.
No me han faltado, claro está, días en blanco.
Sí; días sin palabras que decir
en que hasta el leve roce de una hoja
pudo sonar mil veces aumentado
con una resonancia de tambores.
Pero el silencio era distinto entonces:
era un silencio con sabor humano.
Quiero decir que provenía de "ellos",
los que dentro de mí partían el pan;
de ellos o de algo suyo, como la propia ausencia,
una ausencia cargada de regresos,
porque pese a sus pies, yendo y viniendo,
yo los sentía siempre
unidos a mí por alguna
cuerda invisible,
íntimamente maternal, nutricia.
Y es que el hombre, aunque no lo sepa,
unido está a su casa poco menos
que el molusco a su concha.
No se quiebra esta unión sin que algo muera
en la casa, en el hombre...O en los dos.
(...)
Me pareció. No estoy segura.
Y pienso ahora, porque es de pensar,
en esa extraña fuga de los muebles:
el sofá de los novios, el piano de la abuela

y el gran espejo con dorado marco
donde los viejos se miraron jóvenes,
guardando todavía sus imágenes
bajo un formol de luces melancólicas.
(…)
Allá lejos
la familiar campana de la iglesia
aún me hace compañía,
y en este mediodía, sin relojes, sin tiempo,
acaban de sonar lentamente las tres...
Las tres era la hora en que la madre
se sentaba a coser con las muchachas
y pasaban refrescos en bandejas; la hora
del rosicler de las sandías,
escarchado de azúcar y de nieve,
y del sueño cosido a los holanes...
(…)
¡Pero vinieron otros niños luego!
Y los niños crecieron y trajeron
más niños...Y la vida era así: un renuevo
de vidas, una noria de ilusiones.
Y yo era el círculo en que se movía,
el cauce de su cálido fluir,
la orilla cierta de sus aguas.
(…)

La Casa, soy la Casa.
Más que piedra y vallado,
más que sombra y que tierra,
más que techo y que muro,
porque soy todo eso, y soy con alma.

Decir tanto no pueden ni los hombres
flojos de cuerpo,
bien que imaginen ellos que el alma es patrimonio
particular de su heredad...
Será como ellos dicen; pero la mía es mía sola.
Y, sin embargo, pienso ahora

que ella tal vez me vino de ellos mismos
por haberme y vivirme tanto tiempo,
o por estar yo siempre tan cerca de sus almas.
Tal vez yo tenga un alma por contagio.
Y entonces, digo yo: ¿Será posible
que no sientan los hombres el alma que me han dado?
¿Que no la reconozcan junto a ella,
que no vuelvan el rostro si los llama,
y siendo cosa suya les sea cosa ajena?
  (…)
Algo hormiguea sobre mí,
algo me duele terriblemente,
y no sé dónde.
¿Qué buitres picotean mi cabeza?
¿De qué fiera el colmillo que me clavan?
¿Qué pez luna se hunde en mi costado?
¡Ahora es que trago la verdad de golpe!
¡Son los hombres, los hombres,
los que me hieren con sus armas!
Los hombres de quienes fui madre
sin ley de sangre, esposa sin hartura
de carne, hermana sin hermanos,
hija sin rebeldía.
Los hombres son y sólo ellos,
los de mejor arcilla que la mía,
cuya codicia pudo más
que la necesidad de retenerme.
Y fui vendida al fin,
porque llegué a valer tanto en sus cuentas,
que no valía nada en su ternura…
Y si no valgo en ella, nada valgo…
Y es hora de morir.
*****

Edificar y habitar cotidianamente el espacio del hogar de la infancia, es reactivar la protección, quizá la paz, y ciertamente la intimidad que vivimos a nuestra entrada al mundo; es también reconocer en los espacios aquellos el olor a esperanza, a futuro, a la confianza de vivir.

| María Elena Hernández Álvarez

La arquitectura doméstica de la infancia no fueron únicamente formas geométricas materiales que se ocuparon utilitariamente; aquellos espacios nos fueron los rincones más sagrados en este mundo, nos apropiamos de ellos y ellos de nosotros.

El objetivo de este trabajo es recordarnos a los profesionales involucrados en el diseño, la promoción, el desarrollo, las políticas y la edificación de la vivienda, que somos los custodios del legado que nos confiere la humanidad para preservar, respetar y sacramentalizar la condición poética del nido humano.

Leamos lo que William Goyen nos dice acerca de la esencia del hogar:

> Pensar que se puede venir al mundo en un lugar que en un principio no sabríamos nombrar siquiera, que se ve por primera vez y que, en este lugar anónimo, desconocido, se pueda crecer hasta que se conozca su nombre, se pronuncie con amor, se le llame hogar, se hundan en él raíces, se alberguen nuestros amores, hasta el punto que, cada vez que hablamos de él, lo hagamos como los amantes, encantos nostálgicos y] poemas desbordantes de deseo.

La casa materna es el cosmos existencial primigenio, el segundo vientre que protege y acompaña al ser humano a lo largo de toda su existencia y aún después en la memoria de otros, construyendo con todo ello, un imaginario familiar que genera pertenencia e identidad.

Al respecto, Martin Heidegger nos lo afirma diciendo que, (…) "la tierra es donde el nacer hace a todo lo naciente volver, como tal, a albergarse" (Heidegger, M., 1992). Así, el hogar de nuestra infancia es también el germen que genera el resto de nuestras moradas a lo largo de la vida y en todas ellas ansiamos siempre encontrar aquello que nos es familiar; hallar ese "aquello nuestro", nos envuelve de paz.

¿Quién de nosotros no recrea frecuentemente en la ensoñación aquellos olores de la comida preparada en casa que vuelan por el espacio del hogar, o los colores entre los que crecimos, la iluminación del patio, o el suave viento meciéndonos junto con la ropa tendida recién lavada? ...aquella blancura aún acaricia y humedece nuestras mejillas. ¿Quién ha olvidado los cálidos haces de luz que penetrando por la cuadrícula de cristal construían un espacio mágico en la habitación en el que la afectuosa madre entibiaba nuestra alma y asoleaba nuestra piel? Y cuando, ya adultos, podemos volver, real o imaginariamente, a la casa materna, ¿no es verdad que, a escala 1:1, recorremos igual que siempre el mismo camino hacia aquel ya desvencijado cajón en la cocina donde la abuela ingenuamente escondía golosinas y herramientas indispensables para mil asuntos? Y aun cuando aquel espacio no exista en el hoy concreto, bien sabemos re-vivir detalladamente aquellos mundos dominados en los que, ¿por qué no?, todavía habitamos. ¡Qué reposo en este ejercicio del mundo dominado, allí la imaginación está vigilante y dichosa! (Bachelard, G., 1975).

En la cocina se lee nuestro tiempo; en ella hemos preparado la vida, a diario escuchamos los nutrientes que cantan y bailan alegres en ollas y sartenes y sus olores continúan seduciendo a todas las edades. La cocina, espacio mágico de alquimias físicas y espirituales, ella siempre obligó a unirnos y a borrar cualquier frontera... Toda una vida con ella y en ella, compañera fiel, testigo silencioso de nuestra cotidianeidad; juntos fuimos envejeciendo en nuestro hogar.

Escondites y ruidos tan familiares, espacios en los que se acurrucó nuestra infancia y seguridad; rincones que abrazan, que nos siguen protegiendo. Pero, ¿quién edificó aquellos espacios? ¿Fue el constructor, fue la madre, el padre o nosotros junto con ellos? ¿Acaso el hogar son únicamente materiales de construcción o, más bien, estos adquieren sentido real con los materiales de la relación humana? ¿Cuál es el deslinde? ¿Acaso existe?

Afirma Bachelard: "la casa la construye el ama de casa, y la edifica cuando día con día va dejando su alma en el lienzo que limpia y lustra el hogar" (Bachelard, G., 1975). Los cuidados caseros devuelven a la casa no tanto su originalidad como su origen y, cuando una persona se entrega a las cosas, se apropia de ellas, y en este acto, también se adueña de la posibilidad de perfeccionar su belleza. Un poco más bella, por lo tanto otra cosa; esto es la construcción esencial del hogar, un acto de co-creación. El alma del ama de casa es el alguien que edifica el hogar en la renovación cotidiana.

Así, la casa deja de ser cualquier espacio arquitectónico, cualquier objeto, para transmutarse en espacio vivo generado desde el alma. Y el alma significa aliento y a su vez, el aliento es vida. y necesariamente hemos tocado en este momento el espacio en el que se manifiesta el alma humana. De ello, del alma, el Maestro Eckhart nos comenta:

"Cuando una rama brota de un árbol, lleva tanto el nombre como la esencia del árbol. Aquello que permanece adentro es lo mismo que brota. Así pues, la rama es la expresión de sí misma. Lo mismo digo de la imagen del alma. Aquello que sale es lo mismo que permanece adentro, y aquello que permanece adentro es lo mismo que lo que sale".

En la casa, que es realmente hogar, no es el material físico el esencial, cita Heidegger:

"El edificio en pie descansa sobre el fondo rocoso. Este reposo de la obra extrae de la roca lo oscuro de su soportar tan tosco y pujante para nada. En pie hace frente a la tempestad que se enfurece contra él y así muestra la tempestad sometida a su poder. El brillo y la luminosidad de la piedra aparentemente debidas a la gracia del sol, sin embargo, hacen que se muestre la luz del día, la amplitud del cielo, lo sombrío de la noche (...) El árbol, y la hierba, el águila y el toro, la serpiente y el grillo, toman por primera vez una acusada figura, y así adquiere relieve lo que son. Este mismo nacer y surgir en totalidad ilumina a la vez aquello donde y en lo que funda el hombre su morada. Nosotros lo llamamos tierra." (Heidegger, 1992)

Entendemos entonces a la casa como el espacio que se habita y no únicamente como una forma que se ocupa utilitariamente de manera pre-establecida por modas, economía o funcionalidad. Es decir, la casa que es hogar, y por ende arquitectura, es lo cualitativo desde lo cual se define lo cuantitativo. En otras palabras, el germen del diseño de una casa proviene de lo cualitativo por habitarse lo cual, evidentemente, requiere de lo concreto para contenerse; en resumen: en las pautas de diseño de una casa, lo cuantitativo siempre está subordinado a lo cualitativo. Sólo cuando el arquitecto comprende esto, la casa -y todas las moradas del hombre- serán un ser vivo contenido en materiales inertes para instaurar una singular e irrepetible poética habitable. Sólo de esta manera, la casa, que nos desnuda y nos abraza todos los días desde nuestra llegada a este mundo, se funde con nuestra alma. La casa como segundo vientre, como una segunda piel a la que pertenecemos y de la que nos apropiamos cotidianamente, nos da la seguridad y confianza de afirmar: "yo soy el espacio en el que estoy", (Bachelard, 1975). De esta manera, a la casa la sacramentalizamos y podemos afirmar que, la choza más humilde es el rincón más sagrado del universo. Vista íntimamente, la vivienda más sencilla y austera, ¿no es la más bella?, su calidad primitiva pertenece a todos, ricos o pobres, si, como dice Bachelard aceptan soñar (Bachelard, 1975). Su estar en ella es bienestar y guarda el poder de atracción de todas las regiones de la intimidad, sus muros se estrechan y abrazan para protegernos como una loba, todas las mañanas nos impulsa a vivir, todas las tardes nos ofrece el encierro de la intimidad. Y sobre la intimidad nos dice María Noel Lapoujade: (Lapoujade M., 1997):

La intimidad es el rincón de la inmanencia subjetiva, es el fuero en el que cada yo singular, único e irrepetible, se protege, secreto, para sí.
La intimidad es como el lado oculto de la luna,
es invisible desde fuera,
la intimidad, desde la exterioridad, es apenas una sospecha,
misteriosa pero fascinante.
Se esconde en el fondo de la vida interior
sin embargo, es transparente,
en ella habita el alma y es puente y vínculo con la eternidad.
Lo íntimo es todo aquello que le acontece a un individuo
que lo vive como algo profundo,
que le atañe, lo marca, le incide, le importa, lo compromete,
le concierne, le es entrañable.
Lo íntimo es un tesoro escondido.
Lo íntimo jamás es indiferente, sino por el contrario,
se padece o se goza intensamente, en secreto.
Lo íntimo se acurruca en el espacio de un nido protector.
La intimidad es arquitectura imaginaria en la que cabe la totalidad.
Es el oído que escucha las resonancias universales.
Es el punto vital en que se recibe la exterioridad exterior, transmutada en exterioridad vivida, para ser interioridad recogida.

En la intimidad es en donde se siente la más sublime desmesura,
y el absoluto despojamiento del que puede fluir la eternidad
En lo íntimo se gana la más pura pobreza de espíritu, el desierto interior.
En la intimidad está la vibración cósmica eterna,
en cuyo aletear se sostiene anonadada el alma, suspendida,
temblando al unísono en la armonía universal.

La casa en la que crecimos es también un instrumento de conocimiento de nosotros mismos; en sus espacios se gestaron nuestras neurosis y fortalezas, es decir, el aprendizaje esencial para nuestra vida; las pasiones se incubaron e hirvieron en los rincones de nuestra soledad y las proezas o bajezas de la historia futura, en el hogar se engendraron. Y, a pesar de todo, en las casas de nuestra infancia, la vida empezó bien, encerrada, tibia, en un regazo de protección y en ello existe mucho que agradecer.

Nuestro hogar es un ser vivo que lleva nuestra alma en su esencia. Cada momento de nuestra vida está puesto en algún rincón que ha sido construido desde nuestra única e irrepetible intimidad; los planos de esta casa los dibujaron mi esposo y nuestros hijos, el lápiz fue mi corazón. El espacio llega hasta donde el afecto alcanza y ambos funcionan para protegernos, abrazarnos y cobijarnos del frío y la soledad. Aun cuando no estemos físicamente en casa, ella siempre está en nosotros.

En nuestra casa hemos crecido y nos hemos amado mucho; hemos padecido, jugado y, en ocasiones, también reñido en alguna de sus esquinas. Mi casa se ha transformado a la manera vernácula... la parió nuestra cotidianeidad, es nueva cada día, pero conocida y familiar. Ella continúa edificándose hacia adentro, suspiro a suspiro, rincón tras rincón; los materiales de su esencia son los afectos y el mortero nuestra relación. En la intimidad de nuestra casa únicamente habitamos nosotros, ningún constructor rebasó realmente las fronteras de lo exterior; la vida nos dio una cáscara, una cueva, la idea de un hogar, pero sólo nosotros hemos abonado la tierra la hemos transformado en nido, en concha; somos los únicos edificadores de nuestra casa, el alma de nuestro espacio-hogar. (Testimonio, M.E. Hernández, 2007)

Hemos afirmado que en el espacio interior de la casa se vive el resguardo -presidido casi siempre por la imagen venerada-, la privacía, el cobijo, el posible despliegue de la inmensidad íntima, sin embargo, desafortunadamente también sabemos que en muchas casas se padece lo contrario: la promiscuidad, la violencia que arrasa las almas, el perturbador ruido urbano que penetra de diversas maneras sin respeto alguno, el miedo a lo otro, la soledad... ¿en qué medida somos responsables de esto los diseñadores, promotores y constructores de la vivienda? Citemos de nuevo, a continuación, otro fragmento del poema de Dulce María Loynaz:

(...)
Soy una casa vieja, lo comprendo.
Poco a poco –sumida en estupor–
he visto desaparecer
a casi todas mis hermanas,
y en su lugar alzarse a las intrusas,
poderosos los flancos,
alta y desafiadora la cerviz.
Una a una, a su turno,
ellas me han ido rodeando
a manera de ejército victorioso que invade
los antiguos espacios de verdura,
desencaja los árboles, las verjas,
pisotea las flores.
Es triste confesarlo,
pero me siento ya su prisionera,
extranjera en mi propio reino,
desposeída de los bienes que siempre fueron míos.
No hay para mí camino que no tropiece con sus muros;
no hay cielo que sus muros no recorten.
Haciendo de él botín de guerra,
las nuevas estructuras se han repartido mi paisaje:
del sol apenas me dejaron
una ración minúscula,
y desde que llegara la primera
puso en fuga la orquesta de los pájaros.
(...).
Cemento perforado.

María Elena Hernández Álvarez

El mundo se nos hace de cemento.
Cemento perforado es una casa.
Y el mundo es ya pequeño, sin que nadie lo entienda,
para hombres que viven, sin embargo,
en aquellos sus mínimos taladros,
hechos con arte que se llama nueva,
pero que yo olvidé de puro vieja,
cuando la abeja fabricaba miel
y el hormiguero, huérfano de sol,
me horadaba el jardín.
Ni aun para morirse
espacio hay en esas casas nuevas;
y si alguien muere, todos tienen prisa
por sacarlo y llevarlo a otras mansiones
labradas sólo para eso:
acomodar los muertos
de cada día.
Tampoco nadie nace en ellas.
No diré que el espacio ande por medio;
mas lo cierto es que hay casas de nacer,
al igual que recintos destinados
a recibir la muerte colectiva.
(…)

Estas reflexiones sobre la poética de la casa, primer espacio que todo ser humano habitamos después del vientre materno, llevan el propósito de tonificar de raíz nuestro oficio como diseñadores de las circunstancias, situaciones y experiencias para que sean poéticamente habitables. Porque, sólo cuando los arquitectos construyamos y pensemos (diseñemos) desde la poética habitable, es cuando llevaremos a la arquitectura a la plenitud de su esencia.

Para terminar, debo justificar a mi lector la carga literaria que este trabajo contiene; la razón es mostrar que la habitabilidad, es decir la arquitectura, le atañe a todo ser humano, y por ello, desde otros campos de conocimiento, podemos escuchar y abrevar las pautas de nuestros diseños. En este sentido, aquí hemos considerado que sea la palabra la soberana en ello, pero no la palabra mercadotécnica, funcionalista o tecnológica, sino la palabra Erguida, como la define Octavio Paz, es decir, la palabra tocada por la poesía. Y, la poesía es, -en términos heideggerianos- la desocultación de una verdad que instaura y que funda.

Una muestra más de lo dicho hasta aquí es un bello poema de Miguel Hernández que nos lleva a reflexionar sobre la poética habitable de la casa:

Menos tu vientre
todo es confuso.
Menos tu vientre
todo es futuro
fugaz, pasado,
baldío, turbio.
Menos tu vientre
todo es oculto,
menos tu vientre
todo inseguro,
todo postrero,
polvo sin mundo.
Menos tu vientre
todo es oscuro,
menos tu vientre
claro y profundo.

Notas

Otras versiones anteriores más breves de este trabajo fueron publicadas en: Crítica y Arquitectura, núm. 1 en la Universidad Iberoamericana 1998, en el 1er. Congreso de La Vivienda y su espacio interior en la Universidad Autónoma de Yucatán, 2014 y en www.architecthum.edu.mx. Aquí se presenta esta versión que se anuncia también como parte de un libro en proceso y que lleva como título tentativo *La Poética de la Casa.*

http://poesi.as/ Este sitio muestra un amplio contenido sobre poesía en español desde sus orígenes hasta hoy; en este caso, las versiones ofrecidas son una réplica de las obras originales de los más célebres poetas hispanoamericanos; asimismo, cuenta con diversas secciones, títulos, enlaces y traducción en el idioma inglés. Este sitio abarca principalmente la temática de la poética en general brindando un menú por autor y en orden cronológico.

http://personales.ciudad.com.ar/M_Heidegger/index.htm Heidegger en castellano.

www.aalbalearning.com . Este sitio muestra múltiples libros, poemas y cuentos para escuchar y leer.

Bibliografía

Bachelard, Gastón; "La poética del espacio", México: FCE, México, 1973.

_____, "El derecho de soñar", México. Fondo de Cultura Económica, 1985.

Debord, Guy, "La Sociedad del Espectáculo", España: Pre-Textos, 2000.

Eckhart, M. "El fruto de la nada", España: Ediciones Siruela, 1998.

_____, "Tratados y Sermones", Barcelona: EDHASA, 1983.

Frondozi, Risieri, "Qué son los valores", México: Fondo de cultura Económica, 1958

Heidegger, Martín, "Arte y Poesía", México: FCE, 1970.

_____, "El Arte y el Espacio", España: Herder, 2009

_____, "Construir, habitar, pensar, Conferencias y Artículos", España: Serbal.

Hernández A., María Elena, "Casa. Infancia y espacio arquitectónico", Arquitectura y Crítica, núm. 1, primavera de 1998, Universidad Iberoamericana, Departamento de Arquitectura y Urbanismo, México.

_____, "Arquitectura y Humanidades", tesis doctoral, UNAM; enero 2001.

_____, "El ser humano como esencia y punto de partida de la arquitectura", Conferencia para el Primer Encuentro entre las Humanidades y las Artes, México, UNAM, abril de 1998.

_____, "Espacios marginales al Plan de Estudios, una alternativa para la evolución", Revista, Planeación Educativa, FES Aragón, UNAM, 2006

_____,"Infancia, afecto y espacio arquitectónico", México, en Arquitectura y Crítica, núm. 1, Universidad Iberoamericana, 1997.

_____, "La Guarida y otros cuentos", México: Architecthum Plus, 2011.

_____, "Supuestos Morfogenéticos de la Arquitectura, el caso de la Catedral Gótica", México: Architecthum Plus, 2008.

Lapoujade, María Noel, "Conferencia Magistral, Coloquio Espacios Imaginarios", FFYL, UNAM, 1997.

_____, "Filosofía de la imaginación", México: Siglo XXI, 1987.

Loynaz, Dulce María, "Últimos días de una Casa", Col. Torremozas, Madrid, 1993

Muntañola, Josep, "Poesía y Arquitectura", España: Anagrama, 1981

Paz, Octavio, "El arco y la lira", México: FCE, 1998.

Tamargo, Jorge, "Primeros días de una casa", México: Architecthum Plus, S.C., 2010.

Pallasmaa, Juhani, "Los ojos de la piel", Barcelona: Gustavo Gili, 2012.

Valéry, Paul, "El cementerio marino/ Le cimetiere marin" (tr. Jorge Guillén) México: Alianza Editorial, 1967.

_____, Eupalinos o el arquitecto (tr. Mario Pani), Editorial Cultura, México, 1939.

_____, "Notas sobre Poesía", selección traducción y prólogo de Hugo Gola, Colección Poesía y Poética, México: U. Iberoamericana, 1995

www.architecthum.edu.mx . Publicación académica realizada por profesores y alumnos del taller de Investigación Arquitectura y Humanidades del Programa de Maestría y Doctorado en Arquitectura de la UNAM. En internet desde septiembre de 1999.

Poética de la habitación privada

EDGAR FABIÁN HERNÁNDEZ RIVERO

Vincularse conscientemente con el espacio privado

Reflexionemos acerca del hogar, acerca de los elementos de él que destacan con particular resonancia. ¿Alguna vez han tenido la impresión de que comparten vida con los habitantes de extramuros? Olvidemos las barreras físicas por un momento, desprendámonos de la noción delimitante de lote y notemos que de la "exterioridad" se incorpora a la experiencia de nuestro espacio privado. Así, observemos los patios, cocheras o viviendas de los vecinos; cuáles son las evidencias, los restos, de la antigua conformación de nuestro sitio. De alguna u otra manera, lo que sucede en el afuera interactúa con nosotros a través del sonido, los olores o las imágenes.

Aunque estas identificaciones no siempre parezcan agradables, el pensar cómo la exterioridad se manifiesta en la interioridad puede resultar fascinante. Durante el día, es común escuchar las transformaciones a las que el contexto se ve sometido: la mezcla del sonido urbano –campanas de recolección de basura, altavoces que anuncian la llegada del servicio de gas, grabaciones ininterrumpidas de los vendedores de tamales o los compradores de chatarra, estruendos de maquinaria de demolición o construcción- se entrelaza con el sonido de lo familiar –conversaciones, riñas, juegos, pasos, actividades, música norteña-. Todo forma parte de la orquesta del lugar, toda nota nos habla de los deseos, costumbres o necesidades de quienes habitamos aquí.

La sonoridad exterior, que a lo largo del día puede tornarse caótica y cercana a lo insoportable, por las noches adquiere matices distintos, quizá armoniosos si les prestamos el suficiente cuidado: aisladas resonancias del contacto de vehículos sobre el pavimento, ráfagas de viento que cruzan las ramificaciones de los árboles, alarmas y torretas de vehículos oficiales que gradualmente se desvanecen, ecos del ladrido de los perros en las azoteas, lejanísimas turbinas de algún vuelo nocturno. Ahora todo es más pausado, y es posible lograr una sincronía con el sonido del interior, inclusive con el del cuerpo mismo: el ritmo de la respiración, las palpitaciones del corazón. Existe una extraña belleza en la manera en que nos vinculamos con la totalidad de nuestro ambiente, en cómo los sonidos solitarios son acoplados a la rítmica del todo. Los sonidos le sientan bien a los lugares, los llena de vibra y calor; características que no están relacionadas con las condiciones atmosféricas.

La construcción del espacio privado es tan propia como ajena, es más una obra intangible que una sólida elaboración sensible al tacto. Y es que nunca nos desprendemos de lo que sucede en el exterior, no sólo por lo inevitable de percibir sino también porque todo aquello que nos rodea –y forma parte de la elaboración de nuestras esperanzas, frustraciones, alegrías o tristezas- ingresa con nosotros, mejor dicho, es parte de nosotros.

En el espacio privado construimos una frontera entre el "yo soy" y "lo demás es", por lo que tiende a ser el reflejo más honesto de nosotros y nuestra valorización de lo que nos rodea; a partir de ello, lo dinamizamos, lo transformamos. Pero aquí no hablamos de los radicales cambios, sino de las sutiles modificaciones que alimentan nuestra existencia y le proporcionan un sentido al aquí y ahora. En gran medida, la riqueza espacial estriba en los detalles.

En las viviendas actuales –acordes a la masificación desarrollista de nuestro tiempo- es común que en una reciente ocupación se tenga la impresión de que son ajenas, distantes por ese carácter de novedad, pero también por su tectónica muchas veces pre-fabricada (elaboraciones estándar para seres indistintos): ventanas aún con las anotaciones de su serie y modelo, clósets, puertas, persianas o pisos prototípicos obtenidos de los grandes almacenes y muy al estilo dictado por la supuesta tendencia vigente. Aunque no tengamos una opinión forzosamente negativa de tales características, se sienten despersonalizadas y, como tal, poco apropiables. Realicemos una comparación, por ejemplo, con el hogar del pasado que tiende a remitir a solidez, personalidad y "sustancia". El hecho de que en los espacios actuales, el roce de un mueble deje marcas indelebles en la pared puede resultar frustrante; es como si todo fuera un tanto simulado: pretendidamente pulcro y "contemporáneo", pero sumamente frágil y falto de "alma".

De alguna manera, todos poseemos la necesidad de sentir un espacio como propio y esperamos que sus características hablen de nosotros. Sin embargo, esto no supone que lo realicemos con plena conciencia. Al pensar en ello, notaremos que en nuestra habitación gradualmente hemos incorporado detalles que permiten sentirnos vinculados con lo que consideramos ser. Quisiera mencionar algunas muestras de esto: cuando llegué a mi actual vivienda heredé de una amiga (la antigua inquilina) mi buró y mi cama, en términos prácticos resultó conveniente al principio, pero con el paso del tiempo sentía que algo me incomodaba en ellos, de algo carecían. Un día decidí que quería sentirme bien al respecto (ya que, finalmente, fue un préstamo muy bien intencionado) por lo que experimenté con colores y texturas en las almohadas, los cobertores y la disposición de ciertos artefactos sobre el buró.

Estos ajustes, más que resultar muy notables, permitieron sentirme conectado con lo que pasaba en la habitación en general. Saber que los objetos presentes y su disposición formaron parte de una decisión personal generó en mí una tranquilidad distinta, algo superior al descanso físico que, en sí, el mobiliario ya me proporcionaba. Quizá con la misma intención, he colocado algunos recuerdos que representan aspectos valiosos de mi vida, por ejemplo, la pantalla de lámpara que cuelga al centro de la habitación y las fotografías que apuntan hacia la cabecera de la cama, todos los días son lo primero que veo e indistintamente me remite a conflictos y conciliaciones personales y familiares.

De igual manera, en el librero frente a la cama he ubicado algunos electrónicos que adquirí en una etapa en la que urgentemente buscaba una independencia personal, que aunque ellos sólo sean objetos de consumo, para mí representan el recordatorio de una etapa muy trascendente en mi vida y me permiten plantarme en lo que soy hoy a partir de lo que he vivido y decidido. Finalmente, un efecto similar tiene el cuadro de una imagen típica de la ciudad de Las Vegas; la singularidad del caso es que, inicialmente, me disgustaba enormemente por su carácter genérico, pero fue un regalo de alguien muy importante para mí; me di cuenta que el conflicto que me generaba terminó por manifestarse: en una especie de "auto-protesta", lo coloqué que en el piso, recargado sobre el muro bajo la ventana y en un sentido distinto al que "debería ser" de manera instintiva y casi azarosa; desde entonces, noto una interpretación personal del cuadro distinta, de mucho mayor disfrute personal porque algo de mí está contenido en la imagen y, por ello, ha adquirido valores insospechados. Con todo esto concluyo que en lo intuitivo -en aquella parte de nosotros que responde de manera más natural y primigenia- es donde se producen los efectos más enriquecedores de un espacio privado, en las sutilezas que intempestivamente provocan, amplían rumbos y nos sorprenden hasta lo entrañable.

A partir de estas breves reflexiones, considero que, al pensar acerca del espacio privado y de cómo enriquecerlo significativamente, hemos de trascender la materia "per se"; debemos de indagar en nosotros, descubrir la esencia personal que esperamos proyectar en el recinto, pues todo un mundo –el nuestro- se despliega a través de él. No es un asunto de economía, ni siquiera de dimensiones, es atención y cuidado en las pequeñas soluciones que día a día contribuyen a reducir esa "vacuidad". Explorar conscientemente las maneras en que nos vinculamos con nuestro espacio –con su dimensión interna y externa, con su reflejo de nosotros y de lo que aprehendemos de los otros- sensibiliza nuestra capacidad de entenderlo e incidir en él, de identificar las posibilidades de hacerlo más propio, más poético.

El silencio en mi habitación

JORGE ANÍBAL MANRIQUE PRIETO

Ya no oigo nada; poco a poco mi cuerpo se va a acostumbrando a no escuchar; hace unos instantes tomé la decisión de dejarlo de hacer (oír). Estaba en el baño mientras me ponía estos instrumentos que ahora tapan mis oídos y me ayudan a mitigar los sonidos. Camino hacia mi recinto; paso por la cocina y el aroma que en ella me encuentro me acompaña hasta la puerta de la recamara.

Al abrir la puerta, inmediatamente he percibido la caricia del viento. Había dejado un poco abierta la ventana y al abrir la puerta el aire atrapado en la habitación buscó la salida, pasó por mi lado, chocó contra mí; doy un par de pasos más y percibo el aroma de mi colonia en la cortina que está a mi lado izquierdo; ahora me doy cuenta: mi olfato se ha agudizado. Muchas veces paso por aquí, pero en este instante ese olor se ha hecho más evidente; me ha dado la bienvenida, me ha hecho sentir que estoy en el espacio en el que habito.

Entro por completo a la habitación y medito un poco; me doy cuenta, lo siento, de que he ganado mucho. Sin oír todo aquello que cotidianamente me rodea me siento más liviano. Es increíble como los ruidos pueden llenar de pesantez nuestro habitar; pero ahora no, en este instante este pequeño espacio parece ser más grande, más despejado, más limpio. Siento como si no hubiera límites; en verdad me siento libre. Soy yo completamente viviendo el espacio, sintiendo el latido de mi corazón [1].

Tomo asiento junto a la mesa; escribo y mi mano se siente ligera sin el sonido de la puntilla del portaminas chocando contra el papel; sutilmente roso la pared rugosa (a mi lado izquierdo) con mis manos y siento un cosquilleo que se va desvaneciendo poco a poco entre mis músculos y huesos. Por experimentar, decido golpear suavemente con las articulaciones de mis dedos de la mano, aquellos muros rugosos que limitan la habitación, e increíblemente ya no percibo la diferencia entre el muro que es de tabla-roca y el que es de mampostería; con el silencio a los dos los percibo igual.

Nuevamente, me dirijo hacia la ventana, abro aún más las cortinas y no escucho el sonido de los rieles, pero en cambio percibo su olor (de las cortinas), que es una mezcla entre un olor a viejo y mi colonia, la colonia con la que las he impregnado para que al entrar a la habitación, este aroma, me haga olvidar los olores de la cocina y el patio de ropas. En ese momento también percibo con la piel de mi cara el frio que emana el cristal de la ventana.

Abro la ventana y no escucho el chillido del rose de los perfiles de aluminio, lo cual me causa cotidianamente una sensación de fastidio en mi dentadura; en cambio siento en mis brazos el esfuerzo que hago para abrirla, acompañado de una suave vibración que produce el desplazamiento hacia la derecha. Al asomar mi cara por esa porción de vano que ha quedado abierta, se agudiza un poco más el tacto de mi piel del rostro y siento como la suave corriente del viento toca cada punto de mi cara y como circula por el interior de mi nariz; soy consiente en ese momento de cómo mi cuerpo inhala y exhala ese aire; que respiro; que estoy vivo.

Sin el oído estoy más atento de cada paso que doy, de lo que toco, miro y mastico; hace mucho tiempo no me sentía así. La última vez fue cuando tuve la oportunidad de estar solo en una sala de teatro; no sentía nada, sólo me sentía a mí mismo. Parece que este silencio que estoy viviendo es de la plenitud de mí ser, un silencio de libertad [2].

Me acuesto un momento en mi cama y siento la suavidad de la cobija de algodón que la cubre; también me acompaña el suave rose del viento que entra para liberar del calor de la mañana. Recuerdo haber sentido esto en el primer lugar en que viví aquí en México, cuando se calentaban las tejas y recostado en la cama esperaba que el viento apaciguara ese calor; calor que hoy vuelvo a sentir, y que también transpira el muro junto a la cama, el cual recibe el rayo directo del sol de la mañana.

Hoy he experimentado con mayor intensidad el encontrarme con la otredad [3], con mi otro yo, es decir, conmigo mismo a través del espacio que habito. El silencio agudiza el ojo, el tacto y el olfato, pero para mí agudiza mucho más al hacerme consiente de que estoy vivo, de sentir mi corazón palpitando. No pensé que el ruido tuviera peso, hoy lo he descubierto. A veces ese peso nos interrumpe la posibilidad de soñar o de anhelar; como lo acabo de hacer, oliendo un frasco de café en grano que tengo guardado en mi clóset; olor que en un instante me hizo anhelar estar en mi casa, en Bogotá, oliendo el café que prepara mi madre en las mañanas a uno cuantos metros de mi habitación.

Notas

1. "Yo soy el espacio donde estoy" Noel Arnaud. Citado por Gaston Bachelard en "La poética del espacio", México, FCE, 1965, p.172.

2. Heidegger, Martín, "Arte y poesía" México: FCE, 1970, p. 54. Dice el autor: "El ser del útil, el ser de confianza, concentra en sí todas las cosas a su modo y según su alcance. El servir para algo el útil sólo es, en rigor, la consecuencia esencial del ser de confianza. Aquél está dentro de éste y sin él no sería nada." La arquitectura debe ser de confianza para el habitante, permitir que el ser que la habita se sienta libre, en paz.

3. Paz, Octavio, "El arco y la lira: el poema, la revelación poética, poesía e historia", México: FCE, 2006; Capítulo: "la otredad". Octavio Paz Lozano (1914 - 1998) fue un poeta, escritor, ensayista y diplomático mexicano, Premio Nobel de Literatura 1990. Se le considera uno de los más grandes escritores del siglo XX y uno de los grandes poetas hispanos de todos los tiempos.

Bibliografía

Gaston Bachelard, "La poética del espacio", México, FCE, 1965.

Heidegger, Martín, "Arte y Poesía" México: FCE, 1970.

Paz, Octavio, "El arco y la lira: el poema, la revelación poética, poesía e historia", México: FCE, 2006.

Blanco lleno de pretérito

YHESSY AURORA PAREDES CHÁVEZ

Modificaría un poco esa habitación. Hundiría la verdadera alcoba hasta
allí, al fondo... Me permitiría el lujo de la presencia de toda clase de
cachivaches íntimos, de significantes secretos... La celda o la chapelle al
borde del mundo de población compacta, pero, sobre todo, un alveolo de
tiempo de medida personal y un vaso para la memoria.
Carlos Barral

Citando las palabras de Heidegger, quien nos dice que mientras no experimentemos la peculiaridad del espacio, el hablar de un espacio artístico también seguirá permaneciendo un asunto oscuro [1]. Por lo tanto, creo que hay que desocultar esto para que nazca ese ser vivo, ese espacio, mi espacio privado.

Al llegar al DF me instalé en un nuevo espacio, departamento que comparto con dos amigas, un espacio que tuve que descubrir, que tuve que volver parte de mí, lo primero que observé fueron las recamaras, tres muy diferentes una de la otra.

Mi espacio personal, vacío y de un color muy peculiar, frio y muy distante a mí.

Y es la clausura del mundo que invita a la aventura del viaje ensimismado.

No hay territorio que ofrezca certidumbre menor. Si hay fronteras aun, son todas interiores. Si todavía hay riesgos de trayecto, se emboscan en las frondas del lugar cotidiano. Si existe la aventura, es íntima y trivial [2].

Aventura a la que me entregué, observando la mirada espía desde mi ventana, un muro verde y sus vecinos blancos, así como un cielo limpio y sin distracción; fueron el comienzo de mi apropiación.

Un excelente reto, el cual me llevaría a cuestionarme, de qué manera me apropio de mi espacio, sin empobrecer mis ideas, en esta civilización del espectáculo, donde las imágenes, en catálogos, revistas, publicidad, espectaculares me dan una solución, estilos y moda, no digo que debo satanizar estas herramientas, pero si lograr un equilibrio entró lo que las imágenes me revelan y mi ser íntimo, ya lo comenta Mario Vargas Llosa que una de las característica de la civilización del espectáculo es el empobrecimiento de las ideas como fuerza motora de la vida cultural. Hoy vivimos la primacía de las imágenes sobre las ideas. Por eso los medios audiovisuales, el cine, la televisión y ahora Internet han ido dejando rezagados a los libros, los que, si las predicciones pesimistas de un George Steiner se confirman: "pasarán dentro de no mucho tiempo a las catacumbas" [3].

Por lo tanto, mi objetivo es tener un moderación entre estas imágenes y mis propios ideales, lo que me recuerda palabras de Heidegger, "para aprehender el ser de la cosa no bastan los tradicionales conceptos de cosa, equivocan la esencia de lo cósico" [4], esta es una herramienta que me invita, a tener fuera de mi mente prejuicios o preconceptos, que obstruyan lo que será la esencia de mi espacio privado, esto me permite dotar de significado mi lugar, de mi esencia.

Esto me llevó a *lo otro habitable* (Heidegger, *Arte y poesía*, 1952), en lo cual hay que identificar el señoreo del oficio, en este caso de mi persona, para poder hacer parte de mí, ese espacio.

Y volviendo a mencionar a Vargas Llosa quien nos comenta que la cultura puede ser experimento y reflexión, pensamiento y sueño, pasión y poesía y una revisión crítica constante y profunda de todas las certidumbres, convicciones, teorías y creencias. Pero ella no puede apartarse de la vida real, de la vida verdadera, de la vida vivida, que no es nunca la de los lugares comunes, la del artificio, el sofisma y el juego, sin riesgo de desintegrarse. Puedo parecer pesimista, pero mi impresión es que, con una irresponsabilidad tan grande como nuestra irreprimible vocación por el juego y la diversión, hemos hecho de la cultura uno de esos vistosos pero frágiles castillos construidos sobre la arena que se deshacen al primer golpe de viento [5], considerando sus palabras es necesario que en mi espacio no sólo juguemos con la cultura presente, teorías, convicciones o modas sino que lo llevemos más a lo poéticamente habitable nos diría Bachelard, por un momento ese castillo perfecto producido por las imágenes de la sociedad nos darán satisfacción momentánea, pero en cualquier momento el viento puede derrumbarlo, por lo tanto tiene razón Heidegger, debemos transportarlo a *lo otro habitable* para poder arraigarnos en ese espacio: mi espacio.

Muro blanco que llené del pretérito de mi corta pero agradable vida, espacio lleno de lepidópteros [6] descansando en ciertos puntos de mi cuarto, que para mí tienen el significado de libertad, como lo menciona en su novela "El Zahir" Paulo Coelho, "Libertad no es la ausencia de compromiso, sino la capacidad de escoger y comprometerte con lo que es mejor para ti". La ventana cerrada ante la mirada espía, no me incomoda, al contrario, me encierra un poco más en mi mundo.

Por lo que creo importante mencionar que aceptado que el arte sea la puesta en obra de la verdad, y que ésta signifique el no ocultamiento del ser [7], este desocultar no es una ocurrencia, no es una vana abstracción, eso quiere decir que ese espacio fija la pauta a seguir, ya tiene un fin y no puede ser de otra manera, ya está destinado a ser "mi espacio", espacio que me proporciona el habitar, como lo sugiere Heidegger. El modo como tú eres, yo soy, la manera, según la cual, los hombres somos en la tierra el *buan*, el habitar [8].

La elegancia de la solución de una tarea planteada, por prosaica que esta sea, forma un momento esencial de la belleza arquitectónica [9], es aquí donde reside esa belleza que es personal e íntima, en esta solución mi espacio se encuentra envuelto en todas las esferas que implican la cuaternidad en palabras de Heidegger, es decir lugar que me brinda la esencia del habitar, lugar que me proporciona el "ser de confianza" (Heidegger, *Arte y poesía*, 1952), con esto quiero decir que mi espacio me proporciona privacidad, confianza, pertenencia, seguridad, espacio que no puede ser por sí solo, es mi sostén y yo el suyo.

Me es pertinente mencionar que este espacio es el que te prepara a entrar al verdadero mundo, es un espacio donde hay juegos donde realizas pre-ejercicios, como lo apunta Graciela Montes: los juegos son entrenamientos para entrar mejor preparados al mundo, algo más que un estadio en el camino hacia la adaptación, madura… porque todo el que juega, todo el que ha jugado, sabe que, cuando se juega, se está en otra parte. Se cruza una frontera. Se ingresa a otro país, que es el mismo territorio en que se está cuando se hace arte, cuando se canta una canción, se pinta un cuadro, se escribe un cuento, se compone una sonata, se esculpe la piedra, se danza" [10]. Es precisamente mi espacio privado el que me permite jugar y estar listo para ese otro mundo llamado realidad, al cruzar la puerta, cruza la frontera entre yo y el mundo.

Antes de cruzar esa puerta, mi frontera, es donde pareciera en palabras de Bachelard que la imagen de la casa (mi espacio privado) fuese la topografía de nuestro ser íntimo" [11], y precisamente este espacio el que tiene más la esencia de nuestro ser, y es el ser el que puede conocer su intimidad en su espacio.

Toda gran imagen simple es reveladora de un estado de alma. La casa (mi espacio privado) es, más aún que el paisaje, un estado de alma. Incluso reproducida en su aspecto exterior, dice una intimidad [12].

Después de un año de habitar ese espacio mi espacio, el cual me apropié, me adapté y lo hice parte de mí, mi mundo, lo abandoné por otro largo año y justamente ahora regreso a él enfrentándome de nuevo al mismo reto, mi espacio personal, vacío y con ese mismo color peculiar, frio y muy distante a mí, de nuevo. Y me enfrento a él con nuevas imágenes, horas, minutos, segundos, es decir, tiempo transcurrido, nuevas historias y experiencias, y como nos dice Guy Debord, el mundo real se transforma en simples imágenes, las simples imágenes se convierten en seres reales, motivaciones eficientes de un comportamiento hipnótico [13], ¿y cómo salir de este comportamiento? Guy Debord vuelve a mencionar que el principio del fetichismo de la mercancía, es la dominación de la sociedad a través de "cosas suprasensibles aunque sensibles" lo que se hace absolutamente efectivo en el espectáculo, en donde el mundo sensible se encuentra reemplazado por una selección de imágenes que existe por encima de él y que, al mismo tiempo, se ha hecho reconocer como lo sensible por excelencia [14], por consecuente hay que hacer de nuestros espacios un mundo sensible y tampoco banalizar a este mundo del espectáculo, pero si manejarlo con cuidado y que no se adueñe de nuestras intenciones. Lo que debemos buscar es que este, nuestro espacio privado, sea una topografía de nuestro ser íntimo, en palabras de Bachelard.

Con lo antes mencionado, me permito decir que este espacio es esencial en la vida de cualquiera, es el espacio donde somos, donde nos sentimos protegidos, y fuera de peligro, donde nos preparamos para salir al mundo, pero también nos olvidamos un poco de él, y digo esto con mucha más fuerza justo ahora, que ese espacio del cual me apropie e hice mío, se ha esfumado en un abrir y cerrar de ojos, ya no está, y ahora regreso a él a enfrentarme con una misma y nueva a ventura, en un cuarto de cuatro muros blancos, al que es difícil de adaptarse, y sentirse parte de él.

Notas

1. Heidegger, M. "El arte y el espacio", Barcelona: Herder, 2009, p.19.
2. Fernandez-Galiano, L., "Narciso sin espejo", A&V, Monografías de Arquitectura y vivienda , 2. 1988.
3. Llosa, M. V. "La civilizacion del espectáculo", Madrid: Santillana Ediciones Generales, S. L. 2012, p.13.
4. Heidegger, M., "Arte y poesía", Argentina: Fondo de Cultura Económica, 1952, p. 68.
5. Llosa, op. cit., p. 19.
6. Lepidóptero, (Del gr. λεπ⊠ς, -⊠δος, escama, y -ptero). Se dice de los insectos que tienen boca chupadora constituida por una trompa que se arrolla en espiral, y cuatro alas cubiertas de escamitas imbricadas. Tienen metamorfosis completas, y en el estado de larva reciben el nombre de oruga, y son masticadores; sus ninfas son las crisálidas, muchas de las cuales pasan esta fase de su desarrollo dentro de un capullo, como el gusano de la seda. Mariposa, terminas. (En este caso mariposas), (Real Academia Española).
7. Heidegger, M. "El arte y el espacio", Barcelona: Herder, 2009, p.19.
8. Heidegger, M. "Construir, habitar, pensar", en Conferencias y artículos, traducción de E. Barjau, Serbal: Barcelona, 2001, p.2.
9. Hartmann Nicolai, "Estética", México: UNAM, 1977.
10. Montes, G., "La frontera Indómita", México: Fondo de Cultura Económica, 1999, p. 34.
11. Bachelard, G., "La poética del espacio", México: Fondo de Cultura Económica, 1965, p. 29.
12. Bachelard, op. cit., p. 78.
13. Debord, G., "La sociedad del espectáculo", París: Buchet-Chastel, 1967, p. 18.
14. Debord, op. cit., p. 21.

Bibliografía

Bachelard, G., "La poética del espacio", México: Fondo de Cultura Económica, 1965.

Coelho, "El Zahir", Barcelona: Planeta, 2005.

Debord, G., "La sociedad del espectáculo", París: Buchet-Chastel, 1967.

Fernandez-Galiano, L., "Narciso sin espejo", A&V, Monografías de Arquitectura y vivienda , 2. 1988.

Hartmann Nicolai, "Estética", México: UNAM, 1977.

Heidegger, M., "Arte y Poesía", Argentina: Fondo de Cultura Económica, 1952.

_____, "El arte y el espacio", Barcelona: Herder, 2009.

_____, "Construir, habitar, pensar", en Conferencias y artículos, traducción de E. Barjau, Serbal: Barcelona, 2001.

Llosa, M. V. "La civilizacion del espectáculo", Madrid: Santillana Ediciones Generales, S. L. 2012.

Montes, G., "La frontera indómita", México: Fondo de Cultura Económica, 1999.

Las transformaciones de una casa
De espacio funcional a habitar poético

MILENA QUINTANILLA CARRANZA

Primera parte
La casa de mi infancia

Hoy escribo estas líneas con la intención de hacer un homenaje a la casa que ya no habitaré más. Hoy me despido cordialmente de ella con la esperanza de que estas palabras lleguen a lo más profundo de sus muros, sus pavimentos, cubiertas e intersticios... ¿podrá oírme? quizás no, pero ella merece estas palabras, porque al nacer, me acogió, y como dice Gaston Bachelard en *La poética del espacio*, mi vida empezó bien, empezó encerrada, protegida, toda tibia en el regazo -de mis padres- y de esa casa [1].

No dormiré más bajo su techo de madera a dos aguas, ni pisaré los escalones helicoidales, que orgánicamente ascendía a fin de llegar al espacio más reconfortante, tranquilo y mío que jamás he conocido, un espacio entre cuatro muros, colores verdes y vistas hacia las montañas del Desierto de los Leones, en donde acontecieron muchos de mis sueños y mis ensueños, los que en buena medida, me trajeron hasta aquí, este momento, este instante, en el que soy quien soy porque habité en donde habité.

Sin embargo, eso no es pesadumbre, pudiera serlo si junto con mi partida, se borraran de mi ser los recuerdos que conservo de ella y en ella... empero eso no ha sucedido ni sucederá, porque ahora sé que ella está prendida de mí y yo prendida de ella. Los recuerdos y las experiencias dan estructura al ser habitante, y esa estructura que me ha formado, conlleva la casa en que pasé mis primeros días, mi infancia, mi adolescencia muy dentro de mí, hoy sé que me acompañará eternamente.

Tengo una última oportunidad para recorrerla, para reposar en ella, para contemplarla y al ver con detenimiento, noto que la madera comienza a apolillarse, las ventanas guardan polvo y quedan restos de humedad en sus aristas. A pesar de todo esto, me parece que es cálida, me parece que es acogedora, podría pasar la noche aquí aún entre arañas... me pregunto ¿por qué?, si no aceptaría eso ni en la mansión más lujosa y exclusiva del mundo, ¿polvo, humedad, telarañas y hospitalidad? Son imágenes inconexas. Pero jamás si se trata de la casa natal, la casa de la infancia, ese nido original.

Ahora, después de haber leído a Bachelard, puedo comprender mejor ese sentimiento hacia un ente que a simple vista pareciera inerte. Y es que me encuentro en un espacio cargado de poética: los espacios poéticos nos sitúan en el origen de nuestro propio ser, es decir, nos retornan a la esencia de aquellos espacios primigenios, aislados de agentes que contaminan nuestros sentidos, que nos reconfortan, nos hacen sentir protegidos, espacios en donde nuestra alma puede velar en paz; para esto, no hace falta el mármol en el piso ni los candelabros colgando del tejado, sólo es necesaria esa comunión que en afortunadas ocasiones se da entre espacio y habitante.

Dice Bachelard que "todo lector que relee una obra que ama, sabe que las páginas amadas le conciernen" [2] y los mismo sucede con las obras arquitectónicas poéticas, toda persona que busca volver a recorrer un espacio que ama, sabe que sus vanos, macizos, cuartos, sótanos, guardillas, patios le conciernen, y a mí, esta casa me concierne.

Entre estos muros, me veo conducida a un ensueño poético, a un estado que se asimila a la duermevela en el que puedo recordar, imaginar, soñar despierta y crear fantasías tal como lo hacía cuando era niña, descubriendo la vida por medio de la imaginación y el juego. Y es que en el ensueño al que nos conducen los espacios poéticamente habitables, el alma vela, no hay tensiones, nuestra alma, mi alma, permanece descansada y activa.

Al recorrer o habitar un espacio poéticamente habitable, la lectura del mismo nos lo ofrece. "Echa raíces en nosotros mismos. Lo recibimos, pero al mismo tiempo tenemos la impresión de que hubiéramos podido crearlo nosotros mismos, de que hubiéramos debido crearlo" [3], puesto que congenia con nuestras expectativas y necesidades físicas, pero también espirituales, nada sobra y nada falta en él. Es así como el espacio se convierte en nuestra segunda piel, en parte de nosotros y nos hace retornar cuantas veces sea posible, porque "es a la vez un devenir de expresión y un devenir de nuestro ser en donde la expresión crea ser" [4].

Pero, así como se requiere de la sensibilidad y la experiencia para habitar y vivir un espacio, también se requiere sensibilidad al crearlo. Para crear un nido poéticamente habitable, no hace falta más que un movimiento del alma de su creador, un movimiento que se instaure en todas las demás almas. En esos momentos creativos del espacio el alma dice su presencia y, por lo tanto, al ser habitados cobran su presencia congruentemente con su diseño; tal como sucedió muchos años con esta casa, fue concebida como un nido en donde la familia viviría en paz, resguardada de todo mal y, al mismo tiempo, expresaría su amor conyugal y paternal.

Ahora me entusiasma la idea de que esta misma sensación la puedo llevar conmigo a cualquier morada donde habite en el futuro, porque mi casa es ahora universo y si al diseñar y habitar una nueva casa poseo la sensibilidad y el conocimiento de lo que requieren todas las almas para poder construirse en un espacio, este vientre artificial siempre me acompañará, y lo que es aún mejor, acompañará a muchas almas más que compartirán ese sentimiento poéticamente espacial conmigo.

Hay procesos creativos, que no necesariamente requieren un conocimiento técnico o científico. Pueden surgir desde una conciencia ingenua, siempre y cuando esta sea sensible y, sin embargo, el resultado puede ser poético; pues el poeta arquitecto, "en la novedad de sus imágenes es siempre origen del lenguaje" [5]; es decir, se expresa de una manera pura que se instaura en nosotros porque comprende nuestras necesidades espirituales, humanas, primigenias y permanentes.

Para ello, debo convertirme en una arquitecta poetiza, porque este es un sujeto -sensible- que conoce y percibe otras almas, otros anhelos, otros deseos y necesidades espaciales además de las suyas, inaugurando así un espacio arquitectónico poéticamente habitable. En palabras de Bachelard: "La poesía es un alma inaugurando una forma" [6]. En mi camino, buscaré inaugurar formas que respondan al llamado de esas almas, que claman por espacios en donde no se sientan asfixiadas, distraídas, espacios que las dejen desarrollarse, interactuar y crecer hasta la máxima expresión espiritual. Sólo así, siendo conscientes de que son almas y no sólo cuerpos los que habitan en el mundo se podrán mejorar la calidad de vida en las ciudades del presente.

Así, se propone que "el espacio captado por la imaginación no puede seguir siendo el espacio indiferente entregado a la medida y a la reflexión del geómetra. Es vivido. Y es vivido no en su positividad, sino con todas las parcialidades de la imaginación (…) Concentra ser en el interior de los límites que protege" [7]. Como responsables de este oficio, debemos apuntar a que los espacios estén cargados de poética, que no soslayen que habrá vidas y almas desarrollándose en sus rincones, que concentrarán ser y, por tanto, deben estar concebidos, si desde el oficio, pero también desde el mismo ser.

La casa de mi infancia –desde sus primeros días– poseía esta virtud, y es por ello que en mis sueños y en mis ensueños podré volver a ella cuantas veces mi alma lo quiera y lo requiera.

Segunda parte
La nueva casa

Hace poco se cumplió nuestro mi primer año habitando en esta casa. Sinceramente nunca pensé en residir en el sur de la ciudad después de veinticuatro años viviendo en el poniente de esta megalópolis; sin embargo, siempre lo anhelé, ya que casi toda nuestra vida diaria se ha desarrollado en esta zona. Ahora sé, que mi familia también tenía ese anhelo, aunque quizás ninguno de nosotros era verdaderamente consciente de ello.

Aún recuerdo el día en que mi mamá llegó al departamento en el que habitamos durante el último año y medio, con la nueva de que teníamos la oportunidad de vivir en este barrio histórico y tan apreciado por nosotros. Todos nos emocionamos y comenzó la búsqueda que más tarde se convertiría en el inicio de una nueva etapa en nuestras vidas.

Sin embargo, hubo un momento de desilusión ya que las casas que visitábamos resultaban ser demasiado costosas, o de difícil acceso urbano, o carecían de aquél encanto que nosotros buscábamos. Pero, ¿en qué consiste aquel encanto que puede hacer que una familia sin aspiración a grandes lujos, se enamore de un lugar para habitar?

Para reducir el tiempo de búsqueda, mi familia esperaba que yo, al haber estudiado arquitectura, pudiera brindar una mayor orientación; por lo que gustosa me ofrecí a analizar a detalle cada caso, y desde luego que en el transcurso de este proceso, recordé a muchos de mis profesores y sus sabias enseñanzas para poder aportar herramientas en esta importante toma de decisión.

Comenzaba por analizar la orientación, las dimensiones mínimas, la accesibilidad, el estilo, la calidad de los materiales de construcción incluidos los acabados, la estructura y variedad de otros aspectos que me habían enseñado a "leer" durante mis clases en la facultad. En pocas palabras, analizaba todos los factores lógicos, cartesianos y objetivos que me fueron enseñados en la carrera. Sin embargo, además de todo esto, había algo que las casas nos revelaban desde que accedíamos a ellas, y esto era algo que no sólo yo como arquitecta podía vislumbrar, sino que era algo que cada uno de los miembros de este hogar podía percibir incluso con los ojos bien cerrados. Más tarde comprendí que cada uno de nosotros relacionábamos cada casa que visitamos con nuestros propios modos de habitar, pero también había otro factor, la poesía que percibíamos o no en cada lugar.

Así fue que nos enamoramos de este hogar, quizás no es perfecto, claro que tiene deficiencias y hubo mucho trabajo por hacer, desde la piel hasta lo más oculto tras las gastadas capas de yeso y concreto que lo recubren; pero cada uno de nosotros encontró aquí un espacio que podría hacer suyo. Mi hermana dijo –tiene mucha luz, voy a poder despertar con los rayos de sol -mi madre comentó–, está a tan sólo cinco cuadras de la plaza que nos gusta tanto, y aquí, junto a este ventanal voy a poder poner todas mis plantas, ¡me encanta!-, mientras que mi padre por su parte apuntó –¡me gusta la ubicación!, ¡además en este espacio puedo poner mi taller de carpintería!-, concluí por decirle a mis padres y hermana, -¡esta casa, tiene muchas posibilidades!-. La elección de las habitaciones fue relativamente sencilla, yo me quedé con la habitación que a pesar de ser la más pequeña, cumplía con mis expectativas, puesto que poseía luz natural. Sin embargo, para compensar esta falta de espacio –dado que como todo arquitecto, tiendo a expandirme-, mis padres me ofrecieron ocupar el estudio con mi restirador, computadora, libros y demás objetos de dibujo que se van acumulando durante los años de estudio. Este espacio

129

Milena Quintanilla Carranza

es ideal para mí, dado que suelo disfrutar las horas del atardecer para leer y escribir y éste cuenta con una sola ventana orientada al poniente.

Hoy, después de año y medio habitando en mi recámara, puedo decir que la siento mía más que nunca, sin embargo, este proceso no fue fácil, esencialmente consistió en estudiar mis modos de habitar y, por lo tanto, estudiarme a mí misma. Además tuve que *espaciar* mi habitación, en el sentido en el que Heidegger hace referencia en *"El arte y el espacio"*, "aportar lo libre, lo abierto para un asentamiento y –que pueda acontecer- un habitar..." [8]. Mi propio habitar.

En un principio la cama y el tocador estaban separados tan sólo por un estrecho pasillo, lo cual no era nada cómodo tanto para tender la cama como para abrir los cajones del mueble; sin embargo, el desorden producto de la mudanza, impedía que pudiera reacomodar estos objetos, lo cual en ocasiones incluso creo que influía en un mal carácter. Asimismo, carecía de un espacio para leer cómodamente.

Mi habitación está orientada al sur, se ilumina desde un patio interior en el segundo nivel, durante el atardecer, la luz natural a penas y accede a través de la ventana y la luminaria artificial había sido ubicada por los residentes anteriores, justo en el centro de la habitación, pero yo no leo en el centro de mi habitación, leo en el sillón o por las noches en mi cama. Otro elemento que ubiqué que me inquietaba, era un perchero cargado de bolsas que a diario me recibía como remate visual, lo cual no me producía una sensación de tranquilidad sino de agobio al poner el primer pie sobre mi habitación. Por último, los aparatos electrónicos que en ocasiones ocupo, no tenían un lugar específico y seguido me molestaba ver los cables desperdigados producto del uso del día anterior.

Un buen día, y en gran medida gracias a las lecturas en las que me he visto inmersa durante los últimos meses, reflexioné sobre estas pequeñas cosas que me estaban inquietando ¿será que el acomodo de un espacio puede llegar a influir en el estado de ánimo de una persona? Esta pregunta me fue respondida afirmativamente más adelante cuando me vi decidida al transformar mi habitación y al *emplazar* [9] cada cosa en su sitio.

Fue así que reubiqué el tocador, hacía la pared del poniente dejando libre el muro norte, lo que posibilitó centrar la cama justo a la mitad del muro oriente, este reacomodo de la cama posibilitó acercar mi sillón de lectura junto a la ventana, y a su vez cerca de la nueva luminaria artificial que cobra sentido durante mis noches de lectura. Por su parte, ubiqué al perchero tras de la puerta, por lo que ya no me recibe a diario como remate visual al acceder a mi habitación. En ella, hacían falta espacios vacíos, pero no vacíos en el sentido en el que los entendemos coloquialmente, sino en que menciona Heidegger y que "está presumiblemente hermanado con el carácter peculiar de lugar y, por ello, no es un echar en falta sino un producir, un reunir que obra en el lugar y un instituir que busca y proyecta lugares" [10]. Fue así como instauré un espacio sin objetos en el cual preparo lugar para que algo inesperado pueda ocurrir, si fuera el caso, y si no, simplemente para mi libre habitar.

En esta revolución, fue necesario deshacerme de diversos objetos que ya sólo poseía por costumbre, hoy día me doy cuenta que no extraño ninguno de ellos. Empero, hay objetos que podrían ser considerados como "adornos barrocos", los cuales serían tachados y mal vistos por las decoraciones minimalistas, de los cuales yo no deseo deshacerme, porque sin ellos, una parte de mi perdería su esencia. Tal es el caso de mi dispersor de fragancias, el cual enciendo en algunas tardes en las que el estrés me agobia, o mis joyeros en los que reposan mis aretes y pulseras sin los cuales yo ya no sería la misma, o qué decir de mis fotografías, que más que simple imágenes son fragmentos de la memoria que cada día me asombro de leer de una manera muy distinta, porque así como los rayos de sol las van opacando y transformando, yo misma también me transformo, ya lo decía mi hermana quien estudia física, -no sé porque la materia de sistemas dinámicos dura tan sólo un semestre, si todo en este mundo es un sistema dinámico.

Hoy, puedo decir que al acceder a mi habitación me siento yo, porque el espacio arquitectónico revela la verdad sobre mi ser que lo habita, convirtiéndose en un reflejo de mi esencia, pero quizás mañana ya no y nuevamente me inunde la inquietud por transformar este espacio en el que aludiendo al ensayo *"Habitar, construir, pensar"* de Martin Heidegger, yo soy y yo habito, resultan ser la misma cosa [11].

En este sentido, mi hermana y yo, así como nuestras habitaciones somos sistemas dinámicos en constante transformación, pero sistemas capaces de transformarse poéticamente con su derredor, ya que el acontecer-poético-espacial es responsabilidad de quien diseña y también de quien lo habita. Hoy me explico un poco más claro el porqué de la elección de esta casa, y es que su diseño nos pareció más allá de lo habitable, un diseño poético en el que podríamos *instaurar* nuestro lugar y nuestra morada familiar en este mundo.

Ahora bien, ¿cómo se desarrolla este proceso en el que un espacio puede pasar de un estado funcional a un estado poético? Autores como Octavio Paz, Gaston Bachelard y por supuesto Martin Heidegger, pueden ayudarnos a explicar este fenómeno espacial positivo, desde la filosofía del arte y la poética. Estas reflexiones las dejamos para un segundo texto en el cual se elaborará una aproximación desde las nociones de la poética, al método de diseño arquitectónico.

Notas

1. Bachelard, G. "La poética del espacio", FCE: México, 1975, p.37.
2. Bachelard, *op. cit.,* p.18.
3. Bachelard, *op. cit.,* p.15.
4. Bachelard, *op. cit.,* p.15.
5. Bachelard, *op. cit.,* p.11.
6. Bachelard, *op. cit.,* p.13.
7. Bachelard, *op. cit.,* p.28.
8. Heidegger, Martín, "El arte y el espacio", Barcelona: Herder, 2009, p. 21.
9. Heidegger, *op. cit.,* p. 23. El autor explica que, "El emplazar admite algo. Deja que se despliegue lo abierto, que, entre otras cosas, permite la aparición de las cosas presentes a las cuales de ve remitido el habitar humano".
10. Heidegger, *op. cit.,* p.31.
11. Heidegger, Martín; "Habitar, construir, pensar", Barcelona: Serbal, 1994. p.2 Heidegger explica que en el antiguo alemán la palabra bauen, buan bhu, beo, es la actual palabra bin (ser). Entonces la antigua palabra bauen con la cual tiene que ver bin, quiere decir: yo habito, tú habitas. "Ser hombre significa estar en la tierra como mortal, significa: habitar."

133

Bibliografía
Bachelard, G. "La poética del espacio", FCE: México, 1975.
Heidegger, Martín, "El arte y el espacio", Barcelona: Herder, 2009.
_____, "Habitar, construir, pensar", Barcelona: Serbal, 1994.

Milena Quintanilla Carranza

Primer universo

MARCO ANTONIO SERVÍN LEYVA

La casa, es la que se encarga de proporcionarnos el primer gran encuentro con el espacio, es en ese lugar donde comenzamos a explorar, conocer, entender y experimentar nuestra propia existencia. Es de ahí de donde acumulamos vivencias que marcan el rumbo de lo que ha de venir. La casa, no es una máquina para ser usada, sino el primer universo del ser humano donde habrá de saciar las inquietudes de su cuerpo, su mente y su alma.

Introducción

Desde el momento en que nace el ser humano, entabla una relación con su espacio, que perdurará hasta el final de sus días. El hombre, al existir habita necesariamente un espacio, y en su relación, se establecen tan fuertes nexos que hacen a uno tomar propiedades del otro. [La relación que el hombre genera con los espacios que habita llega a ser tan íntima y personal que podríamos asegurar que el espacio se convierte en una prolongación sustancial de sí mismo] [1].

La casa ejerce sobre los seres, en mayor o menor grado una especie de fascinación, un poderoso atractivo. La casa, es un ser dotado de vida propia e intensamente ligada a la de sus habitantes. Parece como si la rápida evolución del último siglo nos hubiera arrebatado el sentido espiritual del habitar, sentido que, sin embargo, se redescubre o se vuelve a buscar hoy.

En estudios realizados sobre la manera en que las personas perciben su hábitat, se ha encontrado que las respuestas van acompañadas generalmente de una carga emotiva, y se busca en ella la seguridad, comodidad y acogimiento del seno materno. La gente capta a menudo una imagen de su casa con un tinte muy grato; a pesar de las deficiencias del hábitat actual. [Al lado de la realidad de este entorno, técnica y psicológicamente insatisfactorio en muchos aspectos, descubrimos una percepción positiva. El individuo que practica cotidianamente su hábitat, habitación por habitación, conoce bien sus inconvenientes y puede quejarse muy claramente de ellos ante el sociólogo. Pero por un mecanismo de defensa y adaptación, poetiza este espacio y con él su vivencia en el hábitat] [2]. Es decir, ante las carencias físicas del espacio, con las que el ser humano se enfrenta a lo largo de su vida, éste idealiza y poetiza el lugar en un mecanismo de adaptación y poesía.

Con esto, queda claro que la percepción del hábitat está íntimamente ligada con el plano afectivo del ser humano, y que se llega a una relación tal, que dicho espacio puede ser fácilmente idealizado por la persona que lo habita. Así, aun la vivienda más humilde, hasta la más alejada y la más desgastada por el tiempo; puede ser la más grandiosa experiencia para todo aquel que se atreva a sentir y soñar, hasta lo inimaginable.

Así, desde la casa, nos damos cuenta de la inmensidad de nuestro ser y en esa soledad podemos entender los misterios del universo. Por tanto, sin cuestionamientos complicados, no habrá respuestas que no puedan ser contestadas. Todo lo que se busca, puede encontrarse en nuestro interior; sencillo, claro, como es el espacio que nos acoge.

Testimonio

Mediante este testimonio se desea ejemplificar la estrecha relación poética que puede surgir entre una casa y su habitante, cuando ambos se prestan a vivir su relación con toda la intensidad de que se es capaz.

Soy el noveno y último miembro de una familia michoacana. Desde siempre, he vivido en una casa de construcción no muy reciente. Aunque pertenezco a una familia numerosa en la mayoría de mis recuerdos de infancia aparezco en soledad -los hermanos que más se acercan a mí, en edad cuentan con 4 y 7 años más que yo respectivamente; por sus estudios la mayoría del tiempo, permanecían en otra ciudad-.

En esta soledad viví los primeros años de mi infancia; en donde mi casa me recibió en ese primer encuentro con el espacio, en ese encuentro con mi primer universo. Universo que se presentó ante mí, con su fascinante disposición.

El lugar de mi primer recuerdo es mi cama; lugar tan especial, suave y tibio. Era ahí donde pasaba mis mejores momentos de ensoñación; antes de dormir y al despertar. Tras esos inmensos muros de adobe, nada podía pasarme. Ahí permanecieron, siempre inmóviles, fuertes, desafiantes; eran cuatro guardianes, velaban mi sueño; estaban ahí cuando yo despertaba, soportando ese techo que estaba tan arriba; ese techo que podía ver, pero jamás tocar, era inalcanzable, estaba casi tan alto como el cielo; pero no era azul, ni tenía estrellas. Estaba formado por viejas y oscuras vigas de madera, se formaban una enseguida de la otra; yo las contaba, una y otra vez aunque de antemano sabía el resultado. Podía pasar ahí horas, nada temía, estaba en mi mundo, en mi territorio, en mi rincón del universo.

Mi habitación era especial, no tenía ventanas; y no las necesitaba. Cuando no conoces otros lugares, solo existe lo que tú tienes y con eso es suficiente. Aún en la absoluta oscuridad, yo estaba bien; desde ahí daba lo mismo tener abiertos o cerrados los ojos. Muy poco o nada se escuchaba, pero se veía todo. Apretando los ojos, podía observar hasta lo inimaginable y mientras me contaba historias y mientras volaba a través del tiempo, me preguntaba qué veía la gente cuando cerraban los ojos y soñaba despierta; me preguntaba si también se contaban historias y si eran tan hermosas como las mías.

Podía seguir ahí por más tiempo, nadie me molestaría; sabía que mientras yo no saliera, todos pensarían que seguía durmiendo. En ocasiones, la puerta de mi cuarto estaba abierta; eso no presentaba ningún problema. Desde ahí con mi cabeza sobre mi almohada, me era posible observar el muro del patio. ¡Qué maravillosa experiencia! Era un muro de colindancia, alto muy alto. Su parte superior no tocaba el techo, lo separaba una rendija que permitía la vista al cielo. Por ahí entraba el sol, el muro de tabique aparente de irregular textura, se veía invadido de sombras; el claro y el oscuro se apropiaban de él, formando figuras que se movían obedientes a las órdenes caprichosas de la luz del sol.

Jamás espectáculo alguno me impactó tanto, ninguna otra pared ha vuelto a contarme lo que ese muro me contó. Hablaba, se movía, me decía cosas; y lo hacía sólo para mí, sólo yo lo observaba, lo escuchaba y lo vivía. Todo el universo estaba ahí, cada día era diferente, cada vez era una nueva experiencia. Vi cómo de un agujero salieron mil y un objetos; como las grietas formaban figuras humanas, con unos ojos profundos y una boca que hablaba; las sombras se hacían campos inmensos y la luz, era su cielo, los colores se transformaban y llegaba la noche, y volvía el día, todo en un instante.

Nada me faltaba, porque todo estaba ahí y lo que no encontraba en ese muro; yo lo inventaba, estaba en mí.

Cómo olvidar ese rincón que me cobijó de tal manera; si aun en los mejores días esperaba que llegara la noche para dormir y seguir soñando; sabiendo que al despertar estaría bien, que me encontraría como siempre, en ese sitio que era mío; que me pertenecía, así como yo a él. Porque me vio nacer, porque se amoldó a mí y a mis necesidades, porque entregó su ser, íntegra e incondicionalmente para que yo lo habitara, para que lo viviera, para recibirme en este mundo. Al salir de mi habitación me encontraba en otro espacio más grande aún. Todo crecía, el muro que veía desde mi cama era sólo un fragmento de una inmensa pantalla; frente a ella, se encontraba otro enorme muro, pero éste era liso, casi mudo. Esta pared no decía nada, siempre mostraba una cara sería, adusta.

Este muro recto y la rugosa pared se encontraban frente a frente, guardando siempre la misma distancia desde su inicio hasta su fin. Entre ellos se abría un enorme espacio: el patio y el portal. Cuando llovía, el patio se convertía en una pileta, un tanto más onda en uno de sus lados. Por la rendija del techo, el agua entraba a borbotones, cuando la lluvia era fuerte; los truenos y relámpagos estremecían la casa con su estruendosa presencia. Ninguna tormenta duró para siempre, todas se terminaban; y algo bueno quedaba, el patio convertido en un chapoteadero. La fiesta empezaba y yo corría sobre el agua que salpicaba mi cara al momento en que mis pies descalzos tocaban el piso. Eran momentos felices; cuando el sol ya había aparecido, y la tormenta había terminado.

Muchas veces recorrí ese patio, estaba cubierto de mosaicos verdes y azules, dispuestos como tabla de ajedrez. Ese patio, al igual que el portal; me vieron jugar de mil formas diferentes. Era un gran

138

sitio de múltiples usos; donde se podía hasta montar en bicicleta y dar vueltas en torno a las siete columnas de madera y piedra que se erigían partiendo en dos el área. Todo ahí me era familiar, hasta la hora del día. Donde no se necesitaba de reloj para registrar el paso del tiempo; la apertura hacia el cielo permitía a los rayos del sol penetrar en este espacio y marcar su recorrido; primero por el muro rugoso, después en el patio, el portal, hasta desaparecer en la parte mas alta del muro liso. Conocía perfectamente, de acuerdo a la posición del sol, la hora que era. Así, de antemano, sabía en qué momento del día presenciaba cada instante.

El patio era el centro de la casa y el vestíbulo general; desde ahí podía dirigirme a cualquier área del interior e inclusive fuera de ella. Este era un espacio público, se permitía el acceso físico a todos nuestros conocidos y el acceso visual a los que transitaban por el frente de la casa. Una enorme puerta de acceso se presentaba, siempre abierta en el día. Era el medio de comunicación entre el exterior y el interior, desde el patio observaba la plaza principal del pueblo. Se apreciaba una abundante y verde vegetación que cobijaba el blanco kiosco colocado justamente en el centro de este marco. El vestíbulo, detrás de la puerta, se encontraba repleto de mercancías en venta. Este lugar lo percibía claramente como lugar de transición hacia la calle; fuertemente asociado con el área de trabajo, donde se encontraba mi madre, a la que había que avisar en caso de salir.

Otro espacio al que se accedía por el portal, y que recuerdo perfectamente, es el cuarto de la sala. Se encontraba junto a mi habitación. Este sitio no representaba mucho para mí. Se trataba de un espacio frío que nadie visitaba, era utilizado sólo en contadas ocasiones, como recibidor de familiares o personas importantes para la familia. Los rígidos e incómodos muebles, siempre bien plantados sobre la gruesa alfombra, se formaban esperando ser visitados. Este era el único espacio que tenía ventanas al exterior. Eran dos gemelas que se abrían hacia un callejón por el que pasaba poca gente, en ocasiones a caballo. Eran ventanas muy altas, con hojas de madera y barrotes fijos de metal como protección. En el interior de este salón se observaban las ventanas, pegadas en los altos muros; continuando la secuencia de fotografías familiares que se formaban en el desarrollo de estas paredes.

El patio de atrás; era el lugar de ocio por excelencia; con hermanos y amigos llenábamos de agua la antigua pila de cantera roja, ubicada en el centro del patio; después de empapar el piso nos tirábamos en él. Aun puedo sentir mi mejilla haciendo círculos sobre los mosaicos húmedos y tibios por el sol. Era delicioso resbalar los brazos sobre el suelo, sintiendo la lisa textura de los mosaicos; percibiendo claramente sus uniones. También gustaba de permanecer inmerso en la pileta que derramaba su contenido en el momento que me sumergía en ella. Podía sentir como el agua tocaba mi cuerpo; y mis manos se movían con más lentitud en ese medio.

Por su parte, el fondo de la casa era el contacto real con la naturaleza; único lugar en que había vegetación. Era bonito, en sus orillas tenía flores de muy diversas especies, como alcatraces y margaritas. Al centro había de diferentes árboles frutales. Era el lugar de mi padre, él cuidaba ese sitio como su vida misma; si alguna vez lo buscaba, sabía dónde encontrarlo. Él me enseñaba el contacto con ese verde lugar que tenía unos muros que lo separaban del exterior; pero totalmente descubierto, nada que lo separara del cielo.

Recuerdo otro misterioso lugar: el tapanco. A él sólo podía acceder con una persona mayor que me guiara y me dijese por dónde era posible caminar. Por unos pequeños agujeros entraban rayos de luz que como flechas señalaban a un sólo punto. El piso era de tierra compactada y los techos inclinados se formaban por vigas y otras piezas de madera que sostenían las tejas de barro rojo. Era un lugar silencioso y se sentía muy lejano del resto de la casa, como un mundo aparte; donde los conceptos de ubicación y tiempo se perdían.

Finalmente, no podría soslayar la importancia del altar. Se erigía en la casa con diferentes intenciones y en por lo menos seis fechas al año. Siempre se volvía el punto de interés, centro de la casa. Las veladoras se unían con las imágenes y las flores. Un olor a Santa María inundaba la casa el 14 de septiembre, día del Señor del Calvario. Mi papá acostumbraba, al igual que el resto de la gente del pueblo, recoger en el campo este tipo de flores que llevaba al templo; guardando sólo un poco para instalar el altar doméstico. Mi padre, a su vez, fomentaba orgulloso la herencia de su padre que sé me corresponderá a mí algún día.

Religión, familia, creencias, mitos y ritos se vuelven una misma cosa. El pequeño altar se erige como un reflejo, en el interior de la casa, de lo que pasa en el resto del pueblo; cuando éste se viste de fiesta. Así, el nacimiento del niño dios, la aparición de la Virgen de Guadalupe, el día de la Divina Providencia; se vuelven el pretexto ideal para la veneración de un motivo especial que da luz al hogar; luz que aporta tranquilidad y paz espiritual.

De lo que aquí hablé, ha sido sólo un fragmento de lo que mi casa ha significado en mi vida. Donde se gestó una estrecha relación, que hace que aun ahora, la siga sintiendo cerca. Cada que la visito vuelvo a sentirla mía, puedo constatar que sus muros me abrazan y sus techos me cobijan. Observo mi alrededor y vuelvo a sentirme en mi lugar sagrado, vuelvo a caminar de noche por sus espacios oscuros, que conozco perfectamente; porque sé que nada puede pasarme ahí. Porque mi casa fue y será por siempre: mi rincón del universo.

Notas

1. Hernández Álvarez, María Elena, "Seminario de Arquitectura y Humanidades", Apuntes, México: FA UNAM, 1998, p.3
2. Ekambi-Schmidt, Jézabelle, "La percepción del hábitat", Barcelona: Gustavo Gili, 1974, p. 166.

Bibliografía

Ekambi-Schmidt, Jézabelle, "La percepción del hábitat", Barcelona: Gustavo Gili, 1974.

Hernández Álvarez, María Elena, "Seminario de Arquitectura y Humanidades", Apuntes, México: FA UNAM, 1998.

Marco Antonio Servín Leyva

Sobre los autores

Patricia Barroso Arias
Arquitecta titulada por la Facultad de Arquitectura de la Universidad Nacional Autónoma de México, Maestra en Arquitectura (Mención Honorífica) y doctorando en la misma institución. Impartió cátedra a nivel Licenciatura en la Universidad Tecnológica de México, en la Universidad Latinoamericana y participó como profesor invitado en ISTHMUS Escuela de Arquitectura y Diseño de América Latina y el Caribe en la Ciudad del Saber en Panamá. A nivel posgrado, impartió diversos seminarios en las Maestrías de Arquitectura y Diseño de Interiores en la Universidad Motolinía del Pedregal. Fue Coordinadora General de la revista Arquitectura y Humanidades, CIEP F/A UNAM, tuvo a su cargo la Secretaría Académica de la Escuela de Arquitectura de la Universidad Latinoamericana, fue Coordinadora del nodo México-Argentina de la Red Hipótesis de Paisaje y fue Investigadora en el Área de Investigaciones y Posgrado (APIM) Universidad Motolinía del Pedregal. En el ámbito Internacional ha participado como ponente en diversos foros académicos y desde el 2001 a la fecha, ha publicado diversos ensayos en revistas académicas, especializadas, científicas y de divulgación cultural en países como México, Argentina, Chile, Costa Rica, Perú, Guatemala y España; colaborando también en arbitrajes para la Revista Mexicana del Caribe editada por el Instituto Mora y para Ciencia Ergo Sum editada por la Universidad Autónoma del Estado de México. Ha participado en la elaboración de los libros "La arquitectura en la poesía" y "El espacio en la narración: Arquitectura en la cuentística hispanoamericana contemporánea, una selección", editados por la F/A UNAM, contribuyó con algunos capítulos para el "Cuaderno latinoamericano de arquitectura No. 2", para los libros "Hipótesis de paisaje" de i+p editorial en Argentina y para el libro "De otros asuntos e historias de la arquitectura: interpretaciones poco conocidas o no divulgadas" de la FA/CIEP de la UNAM. Es autora de los libros "Ideas de arquitectura desde la literatura I", "Teoría e investigación proyectual en la producción arquitectónica" y "La expresión arquitectónica, su forma, su modo y su orden", editados por Architecthum Plus, México-USA. Actualmente participa como Tutora para estancias de investigación y como Co tutora en el Programa de Maestría en Arquitectura de la Universidad Veracruzana, es Profesor de Asignatura Nivel "B"

143

Definitivo en la F/A de la UNAM, donde imparte las asignaturas de Teoría de la arquitectura y de Proyecto, es Coordinadora de Contenido Editorial para la Colección "Arquitectura y Humanidades" en la Editorial Architecthum Plus y participa en el Atlas de Autores de textos teóricos de i+p editorial en Argentina, asimismo realiza varias investigaciones como autora independiente. En el campo profesional ha trabajado en empresas particulares realizando diversos proyectos de vivienda, accesibilidad urbana, diseño de mobiliario y remodelaciones de casa habitación.

Carlos I. Castillo C.
Arquitecto nacido en 1984 en la Ciudad de México, egresado de la Universidad del Valle de México, Maestría en Arquitectura en el Campo de Diseño Arquitectónico en la Facultad de Arquitectura de la UNAM. Proyecto de investigación orientado en conocer la esencia inmaterial que origina al objeto urbano arquitectónico.

Karina Contreras Castellanos
México 1974. Maestra en Arquitectura (mención honorífica) por la Universidad Nacional Autónoma de México, obtuvo el grado en el año 2014 con la tesis "El espacio en el espacio: vacío intangible de potencialidad poética". Realizó sus estudios de licenciatura como arquitecta en la Universidad Iberoamericana, titulándose en el año 2000. Ha realizado además otros estudios de posgrado y especialización en la Universidad Politécnica de Cataluña en Barcelona, España. Su experiencia profesional abarca proyectos independientes y en despachos en la Ciudad de México y Barcelona. Actualmente se dedica a realizar proyectos arquitectónicos por cuenta propia y es docente a nivel de maestría en el Posgrado de la Facultad de Arquitectura de la UNAM en Ciudad Universitaria, México D.F. espaciocuatro33@gmail.com

Efigenia Cubero Barroso
Nacida en Granja de Torrehermosa, Badajoz, ha realizado estudios de Historia del Arte y de Lengua y Literatura en Barcelona, ciudad en la que reside desde la niñez. Es desde hace años corresponsal de *Revistart* (Revista de las Artes) y autora de los libros de poesía,

"Fragmentos de exilio", "Altano", "Borrando Márgenes" (prólogo de Manuel Simón Viola); La mirada en el limo; "Estados sucesivos" (Architecthum Plus, México, 2008), con prólogo de Federico Martínez; "Condición del extraño" (La Isla de Siltolá, 2013) con estudio preliminar de Jesús Moreno Sanz; "Punto de apoyo" (Luna de Poniente, 2014) y también, junto al pintor Paco Mora Peral, del "Libro de Artista Ultramar", y "Desajustes", en el número 2 de la Colección de Poesía 3X3 dirigida por Antonio Gómez y en libros como: José María Valverde Imatges i Paraulas (Universidad de Barcelona); "La narración corta en Extremadura. Siglos XIX y XX". Badajoz, Departamento de Publicaciones, col. "Narrativa" (tres tomos). "Meditations", libro publicado en inglés, editado en Birmingham. "Ficciones. La narración corta en Extremadura a finales de siglo" (prólogo e introducciones de Manuel Simón Viola). "Paisatges Extranyats" ("Paisajes extrañados") Edición del Departamento de Publicaciones de la Universidad de Barcelona), "Escarcha y fuego: La vigencia de Miguel Hernández en Extremadura"; "Peut ce vent", serie de poemas para la exposición multidisciplinar "Lo nunca visto" (traducidos al francés por Alain R. Vadillo) entre otros. Y en revistas, por citar sólo algunas, como *Mitologías, Alga, Siltolá, Norbania, Letralia, Arquitectura y Humanidades*, etc.

Ha participado como ponente en Congresos Nacionales e Internacionales y publicado numerosos ensayos en diversas publicaciones de España y América. Parte de su obra ha sido traducida al francés, inglés y portugués.**Erika Enciso Sosa**
Maestra en Arquitectura por la UNAM, Gerente de Desarrollo para apoyar el negocio de franquicia en los mercados de LATAM, fue Gerente de Bienes Raíces en Walmart (de octubre 2007 a abril 2011) y Gerente de Bienes, Diseño y Construcción (desde abril 2004 hasta octubre 2007).

Luz Gabriela González Rocha
Nace en Guanajuato, México, 1984. Arquitecta por parte de la Universidad de la Salle Bajío, campus León Guanajuato, 2008. Experiencia profesional en diseño de espacios privados y públicos. Interés en la crítica arquitectónica y transdisciplina dentro del proceso creativo. Actualmente, es estudiante del Posgrado de

Arquitectura dentro del campo Diseño Arquitectónico, en la Universidad Nacional de México, con un tema de investigación "Manifestación y permanencia del instante poético en los espacios arquitectónicos".

Miguel Ángel Guerrero Hernández

Ing. Arquitecto egresado del Instituto Politécnico Nacional. Maestría en Diseño Arquitectónico en la Universidad Nacional Autónoma de México, profesor desde 1984 en CONALEP, en la Universidad Latinoamericana en las áreas de Arquitectura, Diseño Gráfico y Preparatoria, especialidad en educación creativa y comunicación artística. Desde 1974 ha laborado para diferentes despachos de diseño y empresas constructoras del país. A partir de 1991 crea su propia empresa junto con dos socios Arcodi Grupo Constructor S.A. de C.V. Especializados en Diseño y Construcción de Residencias, Oficinas y Arquitectura de Paisaje. En el área artística su formación es: Locutor de la Asociación Nacional de Locutores de México, ha trabajado en programas de Radio Chapultepec y ABC Radio, ha conducido eventos artísticos para el DIF , Instituto Italiano de Cultura y Radio Uva, actualmente participa en la Agrupación Adictos al Canto A. C; además es humorista y canta-autor. Debutó en 1975 junto a su hermano el actor Álvaro Guerrero ("Amores Perros"). Actualmente promueve a tres de sus personajes: Porshellino Di Caprio, El "Gallo" Gallegos y Rolando Mota Del Valle. Entre sus composiciones humorísticas destacan: El Norteño del sur, Katralacas Blues, Oda a Manuela y Viajo en el Metro.

María Elena Hernández Álvarez

Nació en la Ciudad de México. Doctora en Arquitectura, (Mención Honorífica) UNAM; Maestría en Humanidades, Licenciatura en Arquitectura y Master (MDI) U. Anáhuac. Inicia labor docente en 1972; ha impartido diversas cátedras en la ESIA del Instituto Politécnico Nacional, la Universidad Anáhuac, la Universidad Iberoamericana, la UNAM y el Instituto Superior de Ciencia y Tecnología, A.C. Fue Directora de la Escuela de Arquitectura del ISCYTAC (Gómez Palacio, Durango. México). Autora del *libro Arquitectura en la Poesía* (UNAM); coautora con la Dra. Margarita

León Vega del libro *El espacio en la Narración* (UNAM); autora del libro *Supuestos morfogenéticos de la Arquitectura. El caso de la Catedral Gótica*. Ha publicado artículos en Universidades y en revistas especializadas. Ponente y organizadora en diversos foros nacionales e internacionales. Ha dirigido numerosas tesis de licenciatura, maestría y doctorado. Fundadora y Directora de la publicación en Internet www.architecthum.edu.mx. Fundadora y Directora de Architecthum-Plus, S.C., editores. En ejercicio libre de la profesión ha desarrollado y edificado diversos proyectos arquitectónicos. Titular del Seminario de Área y Taller de Investigación "Arquitectura y Humanidades" en el Programa de Maestría y Doctorado en Arquitectura de la Universidad Nacional Autónoma de México. Medalla "Alfonso Caso", UNAM por tesis doctoral. Miembro del Jurado del Premio Universidad Nacional y Distinción Nacional para Jóvenes Académicos. Reconocimiento de la Dirección General de Estudios de Posgrado UNAM a tesis doctoral en la Colección 2002. Miembro de Número de la Academia Nacional de Arquitectura. Consejera Técnica (2006-2012) representante de los profesores de Posgrado, Facultad de Arquitectura, UNAM.

147

Edgar Fabián Hernández Rivero
Arquitecto, formado en la Universidad de Guanajuato, con un interés especial por las manifestaciones alternativas del habitar y aquello que se encuentra detrás de su creación. En su labor como investigador ha buscado acercarse al estudio de las diversas formas en que el ser humano es y se expresa en el espacio, pretendiendo, con ello, captar la esencia de una obra al diseñarla o analizarla. Actualmente cursa en la Universidad Nacional Autónoma de México el programa de Maestría en Arquitectura en el campo de conocimiento de diseño arquitectónico.

Jorge Aníbal Manrique Prieto
Maestro en arquitectura (mención honorífica), UNAM. Arquitecto de la Universidad Nacional de Colombia, sede Bogotá; con profundización en vivienda. Ha trabajado en investigaciones de entidades públicas en Bogotá, como diseñador de proyectos en entidades privadas, y como profesor adjunto de posgrado

en la Facultad de Arquitectura de la UNAM. Fue ganador de un primer puesto en la "X Anual de Estudiantes de Arquitectura" de la sociedad colombiana de arquitectos, con su proyecto de grado de licenciatura titulado: "Vivienda de alta densidad: Calidad en el Habitar". Proyecto que ha sido publicado en las revistas Escala Colombia y Replanteo. Ha participado en diferentes congresos y encuentros académicos como asistente y como ponente: en Noviembre de 2012 participó en el "XXIV Congreso Panamericano de Arquitectos" en Maceió, Brasil. Y en el año 2013 colaboró como parte del comité organizador y como ponente del "1er. Encuentro Académico Internacional: Reflexiones en torno al proyecto arquitectónico" organizado entre las maestrías en arquitectura de la UNAM y la UNAL, evento que se realizó en Bogotá, Colombia. Actualmente trabaja en una ONG desarrollando proyectos de infraestructura educativa para lugares marginados en México.

Yhessy Aurora Paredes Chávez
Maestra en arquitectura (mención honorífica), UNAM. Licenciada en Arquitectura, egresada de la Universidad Veracruzana Campus Xalapa, Veracruz. Ha realizado estudios de posgrado en la Universidad Politécnica de Madrid, España. Ha trabajado en proyectos de vivienda e ingeniería civil.

Milena Quintanilla Carranza
(1986) Arquitecta por la Universidad Nacional Autónoma de México. Actualmente estudia la maestría en el campo de Diseño Arquitectónico e imparte clases de proyectos en el primer nivel de licenciatura de la misma institución. Asimismo, colabora en la Coordinación de Contenido Editorial del Comité Editorial para la Colección Arquitectura y Humanidades editada por Architecthum Plus. Ha laborado en diversas ramas de la arquitectura, como la planeación, la elaboración de proyectos ejecutivos y la administración de proyectos. Su interés en la docencia y la investigación giran en torno a la poética en la arquitectura, la creatividad y el proceso del diseño; por lo cual su integración se expresa en su trabajo de investigación titulado: "Resignificación de la creatividad arquitectónica. Hacia el diseño y construcción de espacios poéticamente habitables".

Marco Antonio Servín Leyva

Nace en Penjamillo, Michoacán en 1973. Concluye sus estudios universitarios en la Facultad de Arquitectura de la U.M.S.N.H., en la ciudad de Morelia, Michoacán en 1995. Realizó la Maestría de Diseño Arquitectónico en la Unidad de Posgrado de la Universidad Nacional Autónoma de México 1997- 2000. Ha sido profesor de Diseño Arquitectónico y teoría de la Arquitectura, en las Facultades de Arquitectura de La Universidad de León, Campus La Piedad, Mich. y en la Universidad del Valle de Atemajac (UNIVA) y en la Universidad Michoacana de san Nicolás de Hidalgo (UMSNH).

Otros títulos de la Colección **Arquitectura y Humanidades**:

www.ingramcontent.com/pod-product-compliance
Lightning Source LLC
Chambersburg PA
CBHW030005110426
42736CB00040BA/499